FÚTBOL SALA

Táctica defensiva

Antonio Luis Gallego Jiménez de Zadava Lissón

Antonio José García Molina

EDITORIAL
PAIDOTRIBO

España

Editorial Paidotribo
Les Guixeres
C/ de la Energía,19-21
08915 Badalona (España)
Tel.: 00 34 93 323 33 11
Fax: 00 34 93 453 50 33
www.paidotribo.com
paidotribo@paidotribo.com

Argentina

Editorial Paidotribo Argentina
Adolfo Alsina, 1537
1088 Buenos Aires (Argentina)
Tel.: (541) 1 43836454
Fax: (541) 1 43836454
www.paidotribo.com.ar
paidotribo.argentina@paidotribo.com

México

Editorial Paidotribo México
Pestalozzi, 843
Col. Del Valle
03020 México D.F.
Tel.: (525) 5 55 23 96 70
Fax: (525) 5 55 23 96 70
www.paidotribo.com.mx
paidotribo.mexico@paidotribo.com

Diseño cubierta: Carlos Páramos

© 2006, Antonio Luis Gallego Jiménez de Zadava Lissón
Antonio José García Molina

Editorial Paidotribo
Les Guixeres
C/de la Energía, 19-21
08915 Badalona (España)
Tel.: 93 323 33 11 – Fax: 93 453 50 33
http: //www.paidotribo.com/
E-mail:paidotribo@paidotribo.com

Primera edición:
ISBN: 84-8019-876-1
Fotocomposición: Editor Service, S.L.
Diagonal, 299 – 08013 Barcelona
Impreso en España por Sagrafic

AGRADECIMIENTOS

A Don Fernando Vidal Díaz, Director de la Escuela de Entrenadores de la Federación de Fútbol de la Región de Murcia, por su confianza puesta en nosotros a lo largo de tantos años.

Al ex jugador internacional y entrenador, José Lucas Mena "pato", por su colaboración en el prólogo de este libro.

A los alumnos de la primera promoción de Nivel 2 y Nivel 3 de Entrenadores de Fútbol Sala que realizaron el curso en la Región de Murcia, por el interés mostrado hacia esta idea y la promesa de llevarla a la práctica en sus respectivos clubes.

Los Autores

A mi familia por su paciencia y a mis padres por sus desvelos.

Antonio Luis Gallego Jiménez de Zadava Lissón

A mis padres por su apoyo y cariño, a mi hermana, y a mi novia por su comprensión.

Antonio José García Molina

ÍNDICE

ÍNDICE GENERAL DE GRÁFICOS

INDICE GENERAL DE FOTOGRAFÍAS

PRÓLOGO

Cuando mis amigos Antonio Luis Gallego Jiménez y Antonio José García Molina *Gambín* me pidieron que realizara el prólogo de su libro *Táctica defensiva*, supuso para mí una gran satisfacción.

Esta obra, me consta, es fruto de mucho trabajo, puesto a disposición de los lectores, y resulta muy interesante para técnicos, practicantes, medios de comunicación, alumnos y aficionados a este deporte, a los que ayudará a analizar y observar de forma diferente un partido de fútbol sala. Además, aquellas personas que sientan como yo el fútbol sala no pueden dejar de valorar de manera especial este libro, con contenidos específicos y modernos, de sencilla redacción y con gráficos y fotografías que ilustran los distintos contenidos de la táctica defensiva en fútbol sala. Así, a través de su dilatada experiencia, buscan un lenguaje universal para nuestra modalidad, basándose, en ocasiones, como no podía ser de otra manera, en las enseñanzas de otros grandes autores, como la de mi amigo y seleccionador nacional Javier Lozano. Sin lugar a dudas, tenemos en nuestras manos un libro cuya lectura recomendar.

Por último deseo agradecer a Antonio Luis y Antonio José la oportunidad que me ofrecen de realizar esta presentación de su obra, espero que tenga el reconocimiento que se merece y les animo a que sigan investigando y trabajando en futuros libros para que comuniquen sus experiencias y conocimientos y que redunden en beneficio de nuestro amado fútbol sala.

JOSÉ LUCAS MENA NAVARRO *"PATO"*
Ex jugador de Elche F. S., Alicante F. S., Onda F. S.,
Almazora F. S., Castellón F. S. y ElPozo Murcia F. S.,
49 veces Internacional con la Selección Española,
Campeón de la LNFS, Campeón de Copa,
Campeón de Europa, Subcampeón del Mundo y
Entrenador de Fútbol Sala

Selección Murciana Cadete.
Subcampeón de España de Fútbol Sala 2003/2004
Premiada en la sala del Deporte Murciano 2005

Selección Murciana Cadete. Campeón de España
de Fútbol Sala 2004/2005

Selección Murciana Cadete y Selección Murciana Juvenil.
Campeones de España de Fútbol Sala 2002/2003
Premiadas en la Gala del Deporte Murciano 2004

Selección Murciana Cadete. Campeones de España de Fútbol Sala 2002/2003

Introducción

Como profesor de la Escuela de Entrenadores de la Región de Murcia en las asignaturas de Táctica y Sistemas de Juego, inicié las clases de la primera promoción de entrenadores de Fútbol Sala de Nivel 2, y me asaltó la idea de proponerles una unificación terminológica para nuestro deporte, ya que había observado que cada entrenador o encargado de llevar un equipo empleaba un lenguaje diferente. Es cierto que hay términos que se emplean comúnmente, pero también hay conceptos que aparecen en la literatura deportiva muy gráficos, especialmente en la que trata de fútbol sala, por lo menos, que definen perfectamente las diversas acciones que durante el juego se desarrollan.

Toda esta información y mi modesta experiencia de los muchos años impartiendo clases a diversas promociones de entrenadores me llevó a la elaboración de una propuesta en la que se incluían, obviamente, fundamentos ofensivos y defensivos.

Vista la propuesta por los alumnos y recogidos los comentarios pertinentes, les indiqué la conveniencia de una publicación de toda esta terminología para tener un lenguaje común que le diera al fútbol sala, por lo menos, a nivel regional, una identidad propia a la hora de expresarse técnicamente hablando. La idea fue acogida con gran interés y se me animó a llevarla a cabo.

Transcurrido un tiempo hablé con mi amigo, profesor de la Escuela de Entrenadores y coautor del libro, Antonio José García Molina, para que aportara sus valiosos consejos y sus conocimientos informáticos para conseguir dar a luz este trabajo.

En este primer libro de táctica defensiva, de los dos que componen este trabajo, cada fundamento tratado va acompañado de una fotografía, si el concepto es demasiado amplio o de difícil representación o de un gráfico, cuya misión fundamental es aclaratoria de aquello a lo que se alude.

Cuando aparecen en las explicaciones fundamentos tácticos ofensivos u otros términos poco conocidos, se intenta dar una pequeña explicación a pie de página.

Las posiciones de los alas, en muchos gráficos, están cambiadas, con la intención de mostrar que hay entrenadores que por razones tácticas prefieren que esos jugadores jueguen en esas posiciones.

Respecto a la identificación posicional de los jugadores en las representaciones gráficas, al igual que Velasco y Lorente (2003) dan el número 1 al atacante (jugador-balón), el número 2 al compañero con más posibilidades de recibir el pase, el número 4 al compañero con menos posibilidades de recibir el pase y el número 3 al compañero que está en una posición intermedia; también podemos hablar en defensa, como dice mi buen amigo Juan Francisco Fuentes, del defensor del atacante (hombre-balón) como jugador número 1, del ayudante del compañero (atacante-balón) que está a un pase como jugador número 2, del ala contraria o ayudante del compañero que se encuentra a dos pases como jugador número 3, y al ayudante que está en la posición de cierre como jugador número 4.

Esta terminología situacional no se ha empleado en los gráficos ni en la redacción explicativa de los conceptos para que la comprensión por parte del lector sea más sencilla, pero estimo que es la más adecuada.

Esperamos que todos los que lean este libro saquen conclusiones positivas del mismo y se consiga el objetivo para el que ha sido creado.

Los Autores

Simbología de fútbol sala

I. Introducción

Es importante que cuando representamos gráficamente una acción de juego, se haga de la manera más sencilla posible y que todos los técnicos sepan interpretarla. Para ello se ha pensado en los símbolos que aparecen en el siguiente apartado. Esto es uno de los muchos aspectos que ayudan a conseguir la identidad propia de un deporte tan joven como el nuestro.

II. Símbolos utilizados

G	Portero del equipo defensor
1 **2** **3** **4**	Jugadores del equipo defensor 1 = Pívot; 2 = Ala; 3 = Ala; 4 = Cierre
	Jugador del equipo defensor
Ⓖ	Portero del equipo atacante
Ⓟ Ⓐⅅ Ⓐℤ Ⓒ	Jugadores del equipo atacante P = Pívot; AD = Ala Derecha; AZ = Ala Izquierda; C = Cierre
◯	Jugador del equipo atacante

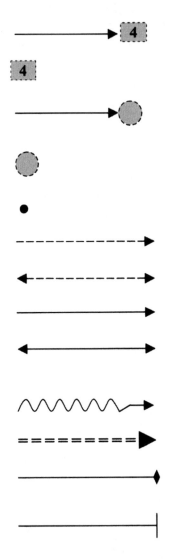

Desplazarse de una zona a otra

Nueva posición del jugador

Desplazarse de una zona a otra

Nueva posición del jugador

Balón

Trayectoria del balón – pase

Trayectoria del balón – pase de ida y vuelta

Desplazamiento del jugador sin balón

Desplazamiento de ida y vuelta del jugador sin balón

Desplazamiento del jugador con balón – conducción

Tiro

Bloqueo

Pantalla

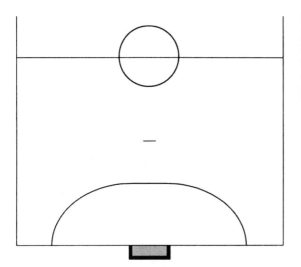

El dibujo parcial del campo con la portería en la parte inferior significará que nuestro equipo está defendiendo (no tenemos posesión del balón).

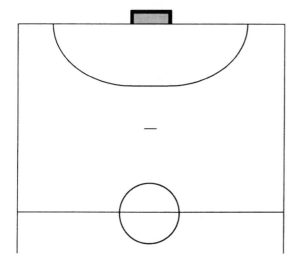

El dibujo parcial del campo con la portería en la parte superior significará que nuestro equipo está atacando (estamos en posesión del balón).

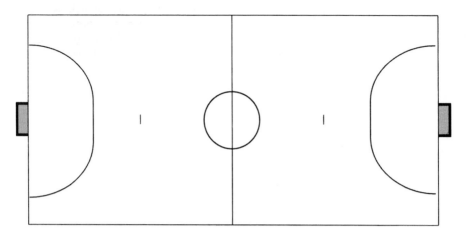

Cuando dibujemos el campo completo situaremos al equipo defensor en el lado izquierdo y al atacante (en posesión del balón) al lado derecho.

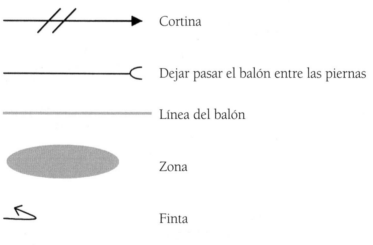

Cortina

Dejar pasar el balón entre las piernas

Línea del balón

Zona

Finta

1 - 1'- 1"; 2 - 2'- 2"; . . Orden de la jugada

TERMINOLOGÍA DE LA TÁCTICA DEFENSIVA EN FÚTBOL SALA

1.1. INTRODUCCIÓN

Cuando decimos de alguien que habla con propiedad de un asunto es porque interpretamos que lo domina, y si así opinamos es porque también sabemos del mismo.

1.2. CONCEPTOS GENERALES

Para empezar daremos unas nociones generales de los conceptos relacionados con el tema de la obra como son: estrategia, táctica, sistema de juego y esquema de juego.

1.2.1. ESTRATEGIA

«Es un proceso regulable, el conjunto de reglas que aseguran una decisión óptima en cada momento». (D. R. A. E., 1992, 647)

Es el arte de planificar globalmente en el tiempo los múltiples aspectos que intervienen en el funcionamiento de un club deportivo para conseguir el objetivo principal.

Según Riera (1995) parece quizás reducir excesivamente el término estrategia a planificar una jugada a balón parado, como con frecuencia se considera en fútbol, es decir, no debemos confundir la planificación de un equipo para lanzar una falta con su estrategia global durante todo el partido.

Si hablamos desde la perspectiva entrenador-jugador: «Los sistemas de juego y los medios tácticos utilizados y seleccionados constituyen los principales medios o factores de elaboración de la estrategia». (Antón, 1998, 39). Este mismo autor añade otros medios fundamentales que ayudan a preparar la estrategia adaptándola. Estos son:

1. Averiguar los puntos fuertes y débiles del oponente.
2. Analizar las circunstancias que conllevan el desarrollo de la competición:

   a) Características de la pista.
   b) Criterios de la pareja arbitral.
   c) Actitud de la afición (público asistente al encuentro).
   d) Importancia del partido.
   e) Prevención de variantes tácticas durante el partido, propias y del contrario.

1.2.2. Táctica

«El concepto de táctica debemos entenderlo como la parte ejecutiva de la estrategia». (Gayoso, 1983, 5)

«Parte que enseña a poner en orden las cosas». (D. R. A. E., 1992, 1.369)

«Puesta en práctica de un determinado plan estratégico mediante el cual cada uno de los deportistas intervinientes, individual y colectivamente, recibe y aplica consignas específicas para comportarse de un determinado modo en el decurso de un partido o la competición deportiva, con la finalidad de conseguir la victoria o el resultado que mejor convenga en un momento y circunstancia determinados». (G.E.P., 1999, 29)

Riera (1995) relaciona, obviamente, la táctica con la estrategia y señala que la táctica persigue un objetivo inmediato y parcial (driblar, marcar gol o evitarlo) que tiene que estar supeditado al principal que persigue la estrategia (ascender, pasar la eliminatoria...). La táctica improvisa porque es lucha cuerpo a cuerpo con el oponente mientras la estrategia es planificación, teoría, por lo que se ve superada por aquélla.

Figura 1.1.: Táctica estática o fija: saque de esquina.

También el autor Hernández Moreno (1994, 82) relaciona estos dos términos diciendo: «Al concepto estrategia se le asocia una connotación prioritariamente teórica de planteamiento y elaboración de un procedimiento general para afrontar la resolución de una situación, y al de táctica el de puesta en acción práctica o procedimiento de resolución concreta».

Estos dos términos no pueden ir separados porque son caras de una misma moneda, es decir, la decisión (estrategia) y la acción (táctica) van indefectiblemente unidas para configurar un único proyecto (Hernández Moreno, 1995, 1.997).

A la luz de todo lo expuesto, pensamos que estos términos están suficientemente clarificados, sólo queda especificar sobre el concepto de táctica que dependiendo de si el balón está en juego o en fuera de juego hablaríamos de táctica dinámica y estática o fija respectivamente.

También hay que puntualizar que dependiendo de la amplitud con que hablemos de táctica nos estaremos refiriendo a:

1.2.2.1. Táctica general

Táctica general: abarca los fundamentos teóricos y procedimientos prácticos comunes a todos los deportes colectivos.

1.2.2.2. Táctica individual

Táctica individual: es aquélla que tras percibir e interpretar, en un contexto, una situación durante el juego, el jugador decide dar respuesta, y para ello elige y ejecuta la acción técnica que razonablemente crea que es la más adecuada.

Está centrada en la capacidad de decisión que tiene el jugador tras la toma de información con el campo visual periférico que abarca más entorno que el central (display[1]).

Esta capacidad de decisión tiene su origen en las «intenciones tácticas» que dan respuesta a los diferentes objetivos de acción (varias posibilidades para elegir: tiro, pase, 1x1, anticipación, entrada, temporización, ...) y propone diferentes alternativas motrices (ejecución) que se eligen como solución en el espacio y en el tiempo, mediante los programas de acción (técnica. Ejemplo: tipo de lanzamiento, tipo de regate, clase de entrada ...). Esto quiere decir que es conveniente tener varios pro-

---

[1] Display: Designa todo el entorno susceptible de ser percibido por el individuo en la situación del juego. (Cardinal et al., en Gayoso, 1983, 17).

gramas de acción para cada objetivo de acción, lo que provocará más incertidumbre al contrario. (Espar, 1998).

«Conociendo la adecuación técnica y los condicionantes de espacio y tiempo, podemos pasar de un juego instintivo y principalmente basado en reacciones a un juego intencional basado en la anticipación». (Espar 1998, 18).

Esto que acabamos de exponer nos invita a pensar que realmente lo primero que hay que desarrollar en un jugador es la «intención táctica» y después el aspecto técnico, aunque no se puedan obviar entre sí.

1.2.2.3. Táctica colectiva

Todos los equipos tienen que racionalizar y planificar la aplicación de su sistema y sus diferentes esquemas de juego ofensivos y defensivos.

1.2.2.4. Táctica de grupo

Pequeñas sociedades que ayudan al desarrollo y la mejora de la táctica.

1.2.2.5. Táctica de equipo

Táctica colectiva particular de un equipo. (Sistema de juego de ataque y defensa).

Reparto de papeles a cada jugador en el juego, agrupaciones, distribución de espacios, etc.

1.2.3. SISTEMAS DE JUEGO

Sistema es el «conjunto de cosas que ordenadamente relacionadas entre sí contribuyen a determinado objeto». (D. R. A. E., 1992, 1.338).

La forma general de organización, la estructura de las acciones de los jugadores en ataque o defensa, en donde se establecen misiones precisas y principios de circulación y colaboración en el seno de un dispositivo previamente establecido. (Teodorescu, 1984).

Se parte de posicionamientos base que faciliten la organización del equipo dependiendo del lugar de la pista donde se inicie la acción defensiva y que se transforman en otros posicionamientos debido a la inevitable adaptación a los del equipo atacante, así como por sus continuos movimientos que pretenden desajustar el dispositivo defensivo planteado.

Figura 1.2.: El equipo defensor exhibe un posicionamiento 1-2-2.

El entrenador es el encargado de seleccionar, ordenar y distribuir en el espacio y en el tiempo un conjunto de elementos que resuelvan aquellos problemas que se deriven del juego con la mayor eficacia, por lo que hay autores, según Sampedro (1999), que piensan que para conseguir el éxito durante una competición es imprescindible introducir un estilo propio de juego, basado en la experiencia y en los logros conseguidos. Esto nos lleva al axioma «La experiencia es un grado».

Basándonos en Ibáñez y Pino (1996), los elementos que componen un sistema de juego son:

1. Las capacidades que pueden desarrollar nuestros jugadores y los contrarios.

2. Medios técnicos-tácticos individuales; es decir, para resolver un problema que surge durante el juego, el jugador tiene que elegir la acción técnica adecuada. (Ej. anticipación, entrada, etc.).

3. Medios técnicos-tácticos colectivos: colaboración y coordinación de acciones individuales de dos o más jugadores del mismo equipo. (Ej. cobertura-permuta).

4. Posicionamientos durante el juego: organización espacial de los jugadores en la pista durante el juego. (Ej. el rombo: 1-1-2-1).

5. Relaciones entre los jugadores: versatilidad para realizar cualquier misión encomendada a otro compañero.

6. Especialización: abierta a cualquier ayuda que se deba prestar a un compañero en dificultades, teniendo que cambiar las funciones de forma momentánea.

7. Relación espacio-tiempo en las acciones a desarrollar entre los miembros del equipo.

Una vez vistos los elementos que componen un sistema de juego tenemos que darle la razón al autor Juan Antón (1998, 32) cuando dice «que nunca se puede identificar un sistema con la disposición de partida». Es evidente que el o los posicionamientos durante el juego son un elemento más, no el único, de los que componen un sistema de juego; es más, no aclara nada sobre su funcionamiento.

Formas de aplicar un sistema de juego teniendo en cuenta el grado de libertad que se le confiera al jugador para la toma de decisiones:

1. Juego abierto

2. Juego conceptual

3. Juego cerrado

1.2.3.1. Juego abierto

Está basado en la calidad individual de los jugadores, en su creatividad, donde la capacidad de «leer el partido» en cada momento es primordial, así como la de dar respuestas motrices acordes a cada situación.

Antón (1998) propone esta forma de manifestar un sistema de juego cuando se prepara a una «selección» porque hay poco tiempo para entrenarla, o aparecen cambios imprevistos en el equipo rival y hay que apelar a la verdadera capacidad táctica del jugador. También la recomienda para equipos en formación, puesto que les facilita que pongan en práctica sus capacidades.

1.2.3.2. Juego conceptual

Es la forma más habitual de manifestar un sistema de juego, donde se establecen, previamente, limitaciones según ciertos criterios, que obviamente deben adaptarse a las posibilidades de los jugadores que integran un equipo.

Antón (1998) dice que es una exigencia la buena calidad táctica del jugador y que ésta se desarrolla según unos caminos marcados inicialmente como son:

1. Puestos específicos a ocupar

2. Medios tácticos más importantes

3. Zonas de iniciación o ejecución de procedimientos...

En definitiva, se les da a los jugadores unas pautas de actuación iniciales y, tras el desarrollo del juego ellos van aplicándolas según su criterio. Esto desarrolla la capacidad de anticipación del equipo y la incertidumbre en el contrario.

1.2.3.3. Juego cerrado

Es el llamado juego mecanizado en el que todo está previsto y no queda nada a la improvisación y creatividad del jugador.

Es muy laborioso, por lo que no debe aplicarse con frecuencia y sí de forma restringida para que provoque sorpresa.

Tiene el inconveniente que si surge un fallo, un despiste o acción imprevisible, se produce una desorganización en el juego del equipo que puede provocar efectos muy negativos (gol, nerviosismo, desconcentración). También el espionaje puede ser otra desventaja.

1.2.4. Esquemas de juego

El D. R. A. E. (1992, 636) define *esquema* como «la representación de una cosa atendiendo sólo a sus líneas o caracteres más significativos».

Esquemas de juego son aquellos aspectos de los elementos que componen un sistema de juego que hay que resaltar o añadir para intentar enfrentarse con éxito a un determinado equipo.

1.3. ANTICIPACIÓN

Es la acción táctica que realiza un defensor al adelantarse a la acción que va a realizar el compañero o el contrario.

Si queremos tener éxito en esta acción, el defensor debe orientarse teniendo en cuenta la ubicación del balón, del contrario y del compañero.

Estando concentrados podemos leer las intenciones de compañeros y contrarios y adelantarnos a sus acciones; facilitándoselas a unos y dificultándoselas a otros.

Figura 1.3. Anticipación: un jugador contrario envía el balón hacia su compañero. Nuestro defensa se adelanta a la recepción del oponente.

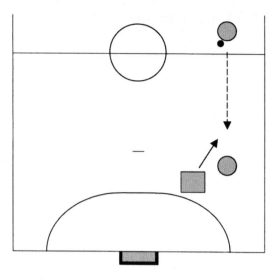

1.4. AYUDA

Es toda solución favorable que le ofrecen a un jugador sus compañeros durante el juego, en cualquier momento y circunstancia. (Principio de colaboración).

Figura 1.4. Ayuda: tras los pases de C y AD y el desplazamiento de C y P hay una respuesta defensiva de ayudas, es decir, el jugador 4 no va del todo con P y se queda esperando el corte[2] (si lo hubiere de AD buscaría la pared[3] y el jugador 2 iría rápido a entrenarse a P). El jugador 3 se hace cargo de C que también busca recibir y el jugador 1, al que le ha ganado la espalda C, se ocupará de AZ ya que han cambiado de oponente como consecuencia de las ayudas que se han producido.

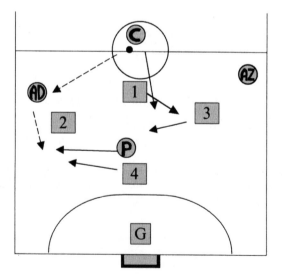

1.5. AYUDA Y RECUPERACIÓN

Es la acción de parar al atacante que ha desbordado a mi compañero hasta que él llegue, para luego volver a coger a mi par.

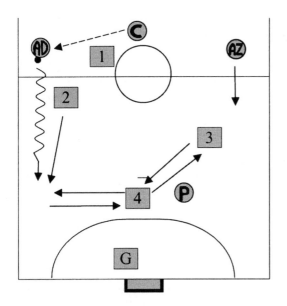

Figura 1.5. Ayuda y recuperación: el jugador contrario en posesión del balón desborda al jugador número 2, entonces el jugador número 4 abandona su marca para ir a parar al jugador contrario en posesión del balón. Cuando el jugador número 2 retrocede para coger a su contrario, el jugador número 4 vuelve a su posición para coger su marca.

1.6. BARRERA MÓVIL

Está compuesta por dos jugadores que forman la primera línea defensiva (posicionamientos 1-2-2 o cuadrado y 1-1-1-2 o embudo), cuya misión

---

(viene de Figura 1.4.)

[2] **Cortar (corte):** desplazamientos más o menos rápidos que realizan los atacantes hacia la portería contraria con la intención de desmarcarse* y/o conseguir la confusión defensiva, en beneficio propio o de algún compañero.

* **Desmarque:** escapar de las posibles intervenciones de los defensores con el fin de encontrarse libre para actuar. Podrá ser realizado por el portador del balón (atacante) o por el no portador del balón (compañero).

[3] **Pared (pasar y recibir):** es aquella acción que realizan dos o más jugadores de un mismo equipo, consistente en pasar el balón a un compañero y desmarcarse en profundidad o anchura para recibirlo de nuevo. Se suele ejecutar con un solo contacto, aunque lo importante es la precisión, la rapidez y salvar contrarios.

es la de desplazarse lateralmente en continuas coberturas mutuas, e intentar, al mismo tiempo, cerrar líneas de pase[4].

Se suelen permitir los pases horizontales y hacia atrás, porque son los que benefician al equipo que defiende, consiguen ganar terreno y facilitan el robo del balón.

Se recomienda que el desplazamiento se realice un poco en diagonal para enfrentarse mejor al nuevo poseedor del balón.

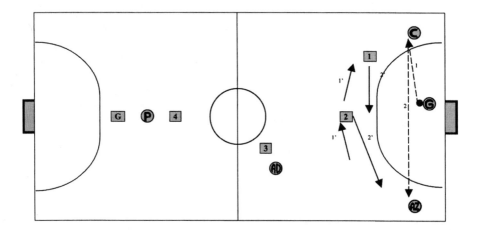

Figura 1.6. Barrera móvil: centrándonos en los jugadores 1 y 2 observamos cómo se mueven a izquierda y derecha según primer y segundo movimiento del balón. En este último movimiento, una vez que tiene controlado a AZ (fijar), comienza a aproximársele e intenta agobiarlo, con objeto de que cometa un error; mientras 1 procura cortar las líneas de pase.

1.7. BASCULAR

Es la oscilación del equipo defensor en relación con el desplazamiento del balón y los atacantes.

---

[4] **Línea de pase:** trayectoria imaginaria entre pasador y receptor, siendo el pase factible.

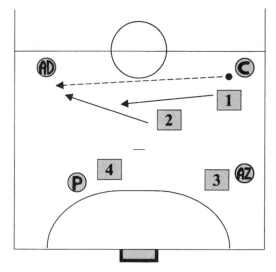

Figura 1.7. Barrera móvil: en esta figura vemos el movimiento que realizan los defensores 1 y 2 manifestando la barrera móvil.

Si 2 no llega a tiempo en su desplazamiento hasta AD, habrá las siguientes opciones:

a) El jugador número 4 se encarga de la misión de 2 y éste de la de 4.

b) El jugador número 4 se encarga de la misión de 2; 2 de la de 1 y 1 de la de 4; quedando con su par el 3.

c) El jugador número 4 se encarga de la misión de 2; 2 de la de 1; 1 de la de 3 y 3 de la de 4.

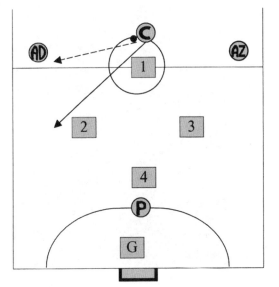

Figura 1.8. Bascular: posición inicial

Figura 1.9. Bascular: posición final

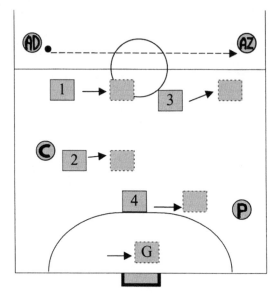

1.8. CARGA

«Es la acción que realiza un jugador sobre el adversario, empujando hombro con hombro reglamentariamente, cuando éste se encuentra en posesión del balón o intenta apoderarse del mismo; lógicamente también puede efectuarla quien se encuentra en posesión del balón con el objetivo de protegerlo». (Moreno et al., 1997, 83).

Figura 1.10.: Carga

1.9. CAMBIO DE OPONENTE

Es la acción en que un defensor beneficiado por la cobertura de un compañero se hace cargo del par que éste ha dejado libre. También cuando en una defensa planteada por un equipo, normalmente, dos jugadores intercambian las marcas sin necesidad de que exista cobertura, siendo las razones tácticas y/o físicas.

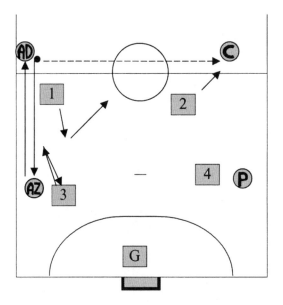

Figura 1.11. Cambio de oponente: cuando AD pasa y corta hacia la posición de AZ y éste hacia la posición del compañero, sus respectivos defensas los siguen en un principio hasta que observan el movimiento de sus atacantes, entonces uno de los dos defensas, preferentemente el que está detrás indica con la palabra «CAMBIO» la permuta de los oponentes.

Velasco y Lorente (2003) hablan de la necesidad de ponerlo en práctica en cualquier situación en la que el desplazamiento de un defensor por el movimiento de su par pueda poner en peligro la posición defensiva de los demás. Por ejemplo: superioridades numéricas o posicionales, bloqueos[5], etc.

---

[5] **Bloqueo:** es el apoyo corporal mediante el cual un atacante, con o sin balón, intenta interponer su cuerpo en el camino del defensor, de manera sorpresiva, y lo fija, de forma que al compañero le favorece su acción, tanto si es portador del balón como si está en disposición de serlo. Requiere la colaboración sincronizada de los jugadores intervinientes.

Estos mismos autores hacen una clasificación de este fundamento:

1. Cambio de oponente cuando los dos defensores están a la misma altura: seguirán a sus pares hasta contactar entre sí con manos o brazos, momento en que, mediante un pequeño empujón para ayudar al compañero, cambian de oponente y sentido. (Figura 1.12.)
2. Cambio de oponente con contacto verbal-visual: cuando los defensores se encuentran en líneas defensivas diferentes. (Figuras 1.11; 1.13 y 1.14)

El cambio, en principio, lo manda el defensor más atrasado; pero en jugadores de alto nivel, puede ser el jugador más adelantado el que lo pida.

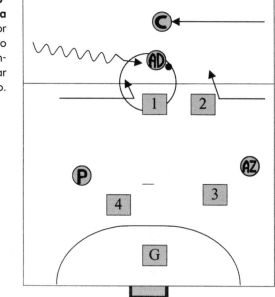

Figura 1.12. Cambio de oponente con dos defensores a la misma altura: el jugador AD conduce hasta el centro de la pista y su par, 1, cuando ve que se cruza con el par 2, ambos realizan el cambio.

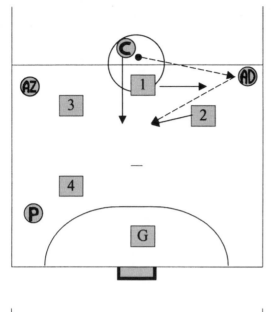

Figura 1.13. Cambio de oponente con contacto verbal-visual: el jugador C pretende hacer una pared con AD pero al cambiar los pares los defensores, 2 puede interceptar el pase cuando a 1 le ha ganado la espalda, es decir, sale al corte.

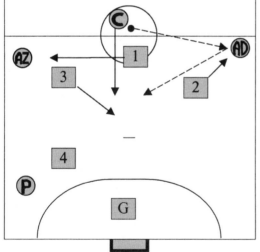

Figura 1.14. Cambio de oponente (alternativa a la figura anterior): el «ala contraria»[6], 3, realiza la cobertura a 1 porque su par C le ha ganado la espalda, por tanto hace el cambio de oponente con el par de 3, o sea, se encarga de AZ.

---

[6] **Ala contraria:** es el defensa lateral que se encuentra en el lado opuesto al balón, o también el defensa lateral que se encuentra en el lado débil.

1.10. CELADA O ARMADILLA

Es una zona presionante sorpresiva de gran riesgo mediante la cual se intenta engañar al contrario poseedor del balón, llevándolo hacia una posición ventajosa para el equipo defensor al objeto de recuperar lo antes posible el balón.

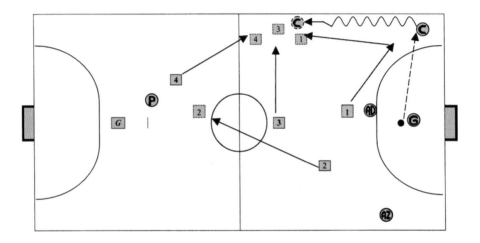

Figura 1.15. Armadilla en cuatro cuartos de pista: la defensa incita el pase hacia un lado concreto de la pista, y, una vez que ocurre, se le da la banda para que salga el atacante, en este caso C, y cuando más confiado está, se le cierran todas las líneas de pase y se le provoca una presión que le haga perder el balón si no se lo roban.

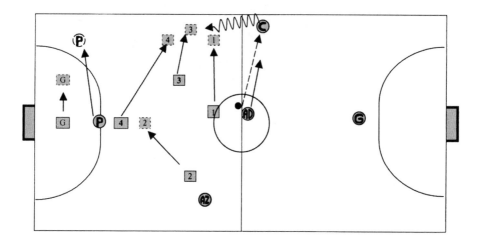

Figura 1.16. Armadilla en dos cuartos de pista: la defensa incita el pase hacia un lado concreto de la pista, y, una vez que ocurre, se le da la banda para que salga el atacante, en este caso C, y cuando más confiado está, se le cierran todas las líneas de pase con la intención de que pierda el balón si no se lo roban. Indicar que el portero defensor G debe vigilar a P por si le mandan un pase y 2 basculará hacia el centro para realizar las ayudas necesarias.

1.11. COBERTURA

Es estar en posición de ayudar a un compañero que puede ser desbordado por el oponente portador del balón (atacante).

Ejecutar la cobertura se denomina «salir al corte o al cruce».

1.11.1. ASPECTOS A TENER EN CUENTA EN LA COBERTURA

1. Lugar de la pista.

2. La velocidad que lleve el contrario

3. Características técnicas del oponente.

4. Posición de los contrarios no portadores del balón (compañeros).

5. Posición de los defensores ayudantes.

1.11.2. CLASES DE COBERTURA

1. Cobertura al rol defensor.

2. Cobertura a la línea.

3. Cobertura escalonada.

Figura 1.17. Cobertura al rol defensor: el jugador número 2 está en disposición de hacerse cargo del atacante en posesión del balón si desborda a su compañero número 1.

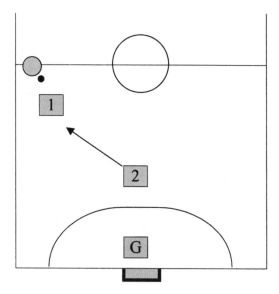

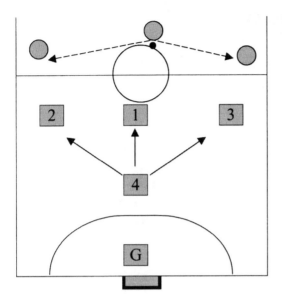

Figura 1.18. Cobertura a la línea: el jugador número 4 está situado de forma que puede ayudar a cualquiera de sus compañeros de la línea adelantada a él.

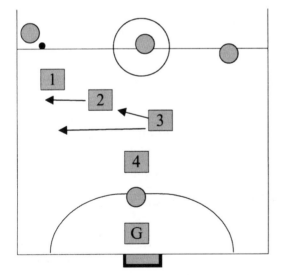

Figura 1.19. Cobertura escalonada: el jugador número 2 está situado de forma que puede ayudar al jugador número 1.

El jugador número 3 puede ayudar al 2 y al 1 si fuese necesario.

1.12. CONTRABLOQUEO

Es la acción mediante la cual, tras el bloqueo, hay un cambio de oponente.

Figura 1.20. Contrabloqueo: el jugador 3 recibe el bloqueo de C y 1 en vez de seguir a su par C espera para cambiar el oponente y recibir al atacante AD y así evitar el pase de AZ.

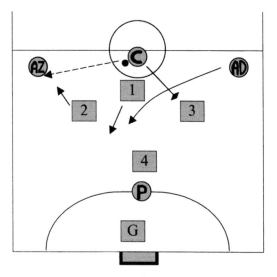

1.13. DEFENSA DE AJUSTE

Es la que se va adaptando a los movimientos del equipo atacante. Se denomina también así a una situación global de ayudas. (Figura 1.21)

1.14. DEFENSA DE SALTAR Y CAMBIAR

Es la defensa individual en la cual los defensores cambian de oponente, saltando hacia el jugador-balón, y lo sorprenden, intentando arrebatárselo o provocándole su pérdida. Es conveniente obligar al jugador-balón a que conduzca. (Figura 1.22)

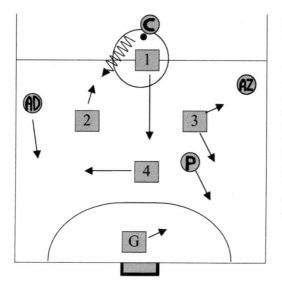

Figura 1.21. Tras la acción de C (regate a 1) toda la defensa tiene que equilibrarse, de forma que 2 sale al encuentro de C, el jugador 4 de AD, G vigila a P, 1 baja por el centro para cerrar líneas de pase y hacerse cargo de P y 3 vigila las evoluciones de P por si 1 no llegara a tiempo, y vigila a su par AZ. Si 3 se hiciera cargo de P, 1 se quedaría vigilando las evoluciones de AZ.

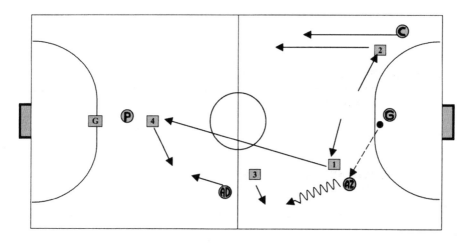

Figura 1.22. El guardameta atacante, G, pasa a AZ y 1 le da la banda y le obliga a conducir cerrando la línea de pase a C, también 3 está pendiente de que AD tampoco reciba y cuando se aproxima a su zona (unos 4 m de distancia, incluso menos), 3 salta sobre la trayectoria que lleva AZ para intentar sorprenderle y apoderarse del balón o invitarle a dar un mal pase o realizar un mal regate, lo que le privaría de la posesión del balón. Mientras tanto 4 deja a P y coge a AD, y G vigila a P hasta la llegada de 1.

1.15. DEFENSA EN SÁNDWICH

Es colocar a un defensor por delante y otro por detrás de un atacante.

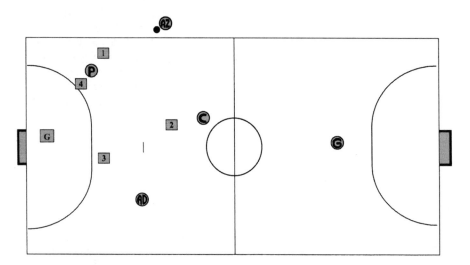

Figura 1.23. Defensa en sándwich: los jugadores 4 y 1 se colocan uno delante y otro detrás del pívot P para que no reciba y no dé un apoyo valiosísimo al ala zurdo AZ.

1.16. DENSIDAD DEFENSIVA

Es la relación inversa entre el número de defensores y un espacio dado.

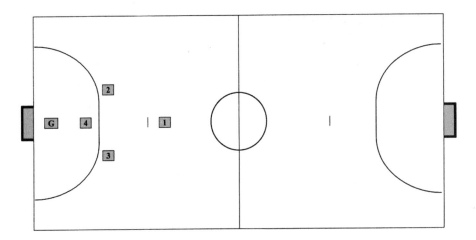

Figura 1.24. Densidad defensiva: gran densidad defensiva con la defensa posicionada en ¼ de campo, porque hay poco espacio que defender.

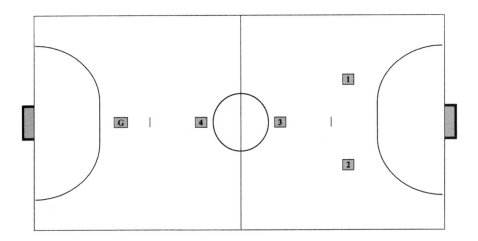

Figura 1.25. Densidad defensiva: mínima densidad defensiva con una defensa posicionada en ⁴/₄ de campo, porque hay mucho espacio que defender.

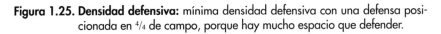

1.17. DESLIZAMIENTO

«La acción defensiva por la que un defensor se desplaza por detrás del compañero para neutralizar la acción de su par atacante, sin que exista cambio de oponente». (Chaves y Ramírez, 1998, 129).

Figura 1.26. Deslizamiento: el jugador 1 se desplaza por la espalda del jugador 2 para neutralizar la acción del cierre C del equipo atacante con el que está emparejado.

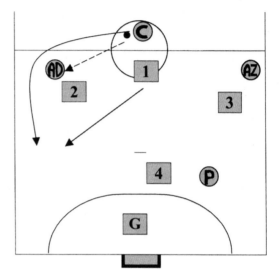

1.18. DESPLIEGUE

Siguiendo a Moreno et al. (1997). Acoso que se realiza con mayor o menor intensidad sobre alguno o todos los jugadores contrarios para evitar su progresión y recuperar lo antes posible la posesión del balón.

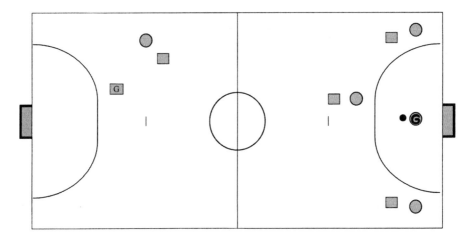

Figura 1.27. Pressing: se observa que la marcación es HxHT (hombre a hombre total) ya que se intenta apoderar del balón lo antes posible.

1.18.1. TIPOS DE DESPLIEGUE

El despliegue se puede clasificar atendiendo a su intensidad, al lugar de la pista y por su objeto.

1.18.1.1. Tipos de despliegue por su intensidad

a) Pressing: implica el riesgo de intentar recuperar el balón en la acción siguiente.

b) Presión: no necesita asumir el riesgo anterior, aunque sí de presionar al contrario de forma que le impidamos pensar, que no levante la cabeza, y cause un error que nos permita volver a recuperar el balón, aunque no inmediatamente.

1.18.1.2. Tipos de despliegue por su lugar

a) A partir de nuestra media pista.

b) A partir de $^3/_4$ de pista.

c) Desde 6-9 metros ($^4/_4$ de pista) de la línea de fondo del equipo contrario.

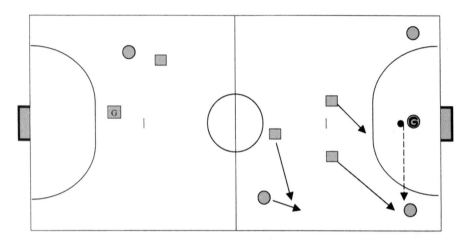

Figura 1.28. Presión en $^4/_4$**:** se realiza en los $^4/_4$ de pista y el principal objetivo es el balón. La marcación es zonal con presión al balón (ZPB).

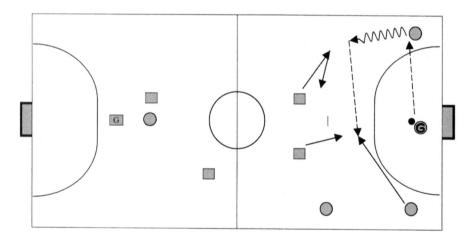

Figura 1.29. Presión en $^3/_4$**:** se realizará, en este gráfico, en los $^3/_4$ de pista y el principal objetivo es el balón. La marcación es zonal con presión al balón (ZPB).

1.18.1.3. Tipos de despliegue por su objeto

a) Al hombre. Nos despreocupamos en cierto modo del balón y nos centramos en nuestro contrario. El riesgo lo asume el defensor del atacante con balón.

b) Al balón. Nos centramos en la situación del móvil, procurando un sistema de ayudas en torno a él.

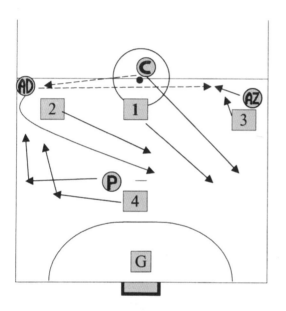

Figura 1.30. Pressing en media pista: se realizará, en este gráfico, en los ²/₄ de pista y el principal objetivo es el hombre. La marcación es individual (HxH).

1.18.2. CONSIDERACIONES PARA REALIZAR UN DESPLIEGUE

Las consideraciones para aplicar un pressing/presión, sea cual sea la defensa que se esté realizando, son:

1. Capacidad de observación del defensor respecto al atacante, asegurándose de sus características en el espacio y en el tiempo mediante enmascaramientos[7].

---

[7] **Enmascaramientos:** acciones encaminadas a ocultar las verdaderas intenciones del jugador. Por ejemplo: fintas de desplazamiento, tiro, entrada, etc.

2. Comportamiento del atacante (psicológico):

   a) Dudas.

   b) Nerviosismo.

   c) Estar fuera del partido (apatía, falta de concentración, ...).

3. Carencias físicas:

   a) Cansancio.

   b) Escasa preparación.

   c) Lentitud.

   d) Poca flexibilidad...

4. Carencias técnicas:

   a) En general.

   b) De algunos fundamentos en particular.

5. Carencias tácticas:

   a) Jugador joven con poca experiencia.

   b) Equipo sin entrenador experto.

   c) Movimientos poco lógicos...

6. Lateralidad (incidir en la pierna débil[8]):

   a) Zurdo.

---

[8] **Pierna débil:** la pierna menos hábil del jugador. Pierna fuerte: la pierna más hábil del jugador.

b) Diestro.

c) Ambidiestro.

7. Zona de la pista:

a) ¼ de pista, media pista, ¾ de pista, en toda la pista.

b) Situación centrada.

c) Situación lateral.

8. Recepción o control del balón:

a) Defectuosa.

b) De espaldas o mal posicionado con respecto a la portería rival.

c) Mal posicionado con respecto a los compañeros.

9. Tiempo de juego para finalizar el partido y resultado del mismo:

a) Primer tiempo, segundo tiempo.

b) Prórroga con o sin gol de oro.

1.19. ENTRADA

Es la acción que realiza un defensor sobre su contrario en posesión del balón con la intención de arrebatárselo, o, como mínimo, de que pierda su control.

Figura 1.31. Entrada

1.20. FLOTACIÓN DEFENSIVA

«Reajustes posicionales que un defensor hace para marcar a un contrario par, amenazar posibles líneas de pase, o vigilar». (Chaves y Ramírez, 1998, 185).

Figura 1.32. Flotación defensiva: el cierre 4 hará continuos ajustes de posiciones con respecto a su par P dependiendo del movimiento de éste y de la ubicación del balón.

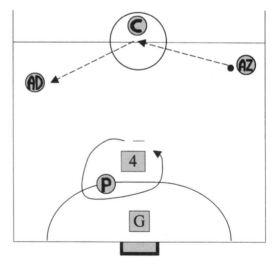

1.21. FUNDAMENTOS

Son las acciones tácticas, con nombre propio, que realiza uno o varios jugadores. (Temporización, vigilancia ofensiva o defensiva...).

Figura 1.33.: Fundamento (vigilancia): el jugador señalado con una circunferencia vigila al jugador señalado con un cuadrado.

1.22. GANAR LA POSICIÓN

Es la acción ventajosa que adquiere un jugador en el espacio con respecto a su par. (Resultado positivo de la flotación = anticipación si hay pase).

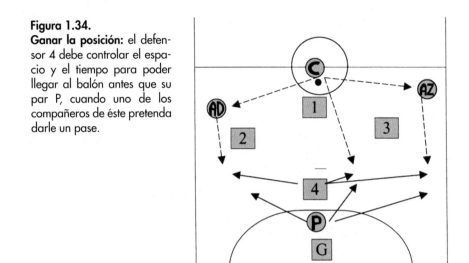

Figura 1.34.
Ganar la posición: el defensor 4 debe controlar el espacio y el tiempo para poder llegar al balón antes que su par P, cuando uno de los compañeros de éste pretenda darle un pase.

1.23. INTENSIDAD DEFENSIVA

Tono de empuje de la defensa sobre el atacante, tanto en individual como en zona.

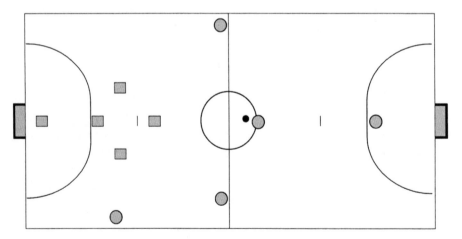

Figura 1.35. En este ataque posicional, la defensa espera que el contrario falle durante el desarrollo del juego, no intenta recuperar el balón lo antes posible. Hay poca intensidad defensiva.

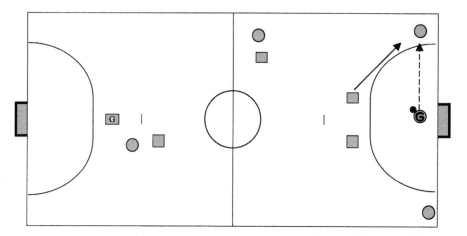

Figura 1.36. Aquí vemos como es la defensa la que pretende conseguir el balón lo antes posible, presionan al jugador-balón para interceptarle el balón, robándoselo o propiciándole el fallo, mientras los demás compañeros agobian a sus pares para que no reciban el balón o lo hagan en malas condiciones y lo puedan perder. Hay mucha intensidad defensiva.

1.24. INTERCEPTACIÓN

Es la acción que se realiza sobre el balón y se impide que llegue a su objetivo, modificando o interrumpiendo su trayectoria.

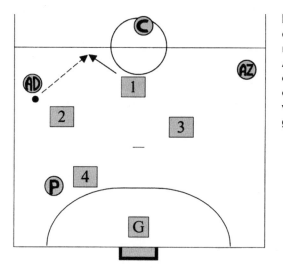

Figura 1.37. Interceptación: el defensor 1 está atento para impedir que el pase de AD sobre C se produzca, y cerrar la línea de pase justo cuando el atacante pierde de vista a su compañero para golpear el balón.

1.25. LADO DÉBIL

Es el espacio de la pista donde no se encuentra el balón, aunque la ayuda defensiva se mantiene, lo que provoca una densidad defensiva muy baja.

Figura 1.38. Lado fuerte y débil: dividimos la pista longitudinalmente en dos partes iguales mediante una línea imaginaria, que une el centro de las dos porterías; el balón es el que indica si una parte de la pista es lado fuerte o débil en cada acción del juego.

1.26. LADO FUERTE

Es el espacio de la pista donde se encuentra el balón y donde se desarrolla la mayor disposición de ayuda defensiva, lo que provoca una densidad defensiva muy alta.

1.27. LÍNEAS DE DEFENSA

Una línea de un equipo es el jugador o grupo de jugadores que se posicionan en el terreno de juego a la misma altura respecto de la portería.

Una línea defensiva será la posición de un jugador o grupo de jugadores colocados a la misma altura ante un ataque rival.

La primera línea defensiva será la más cercana a la meta contraria, pues es la que tratará de neutralizar en primera opción al equipo rival.

La última línea de defensa será el guardameta, último defensor que tratará de impedir el gol.

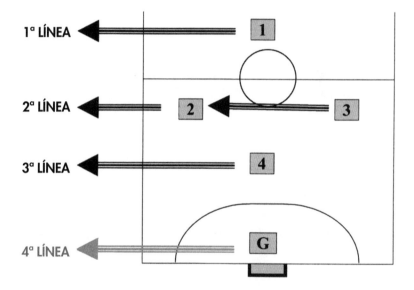

Figura 1.39. En esta figura podemos observar, como consecuencia del posicionamiento, 4 líneas defensivas: la primera de ellas formada por un jugador, el pívot; la segunda formada por dos jugadores a la misma altura en la pista, el ala derecha y el ala izquierda; la tercera formada por el cierre y la cuarta que es el guardameta. Esto da lugar a denominar a este posicionamiento con cuatro números (uno pasa cada línea de defensa) separados por guiones, y cada uno de estos números será la cantidad de jugadores que componen esa línea. Así diremos que éste es un posicionamiento defensivo 1-1-2-1.

1.28. MARCACIÓN

«Es la acción que se realiza sobre los jugadores contrarios para impedir que reciban el balón o lo puedan jugar». (Montero, 1987, 115). Cuando se produce el emparejamiento se le denomina ENGANCHE.

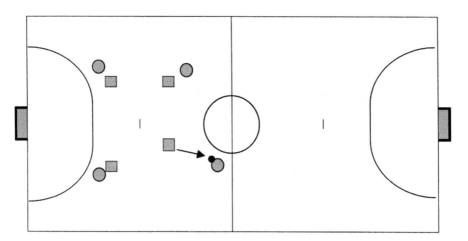

Figura 1.40. Marcación.

En una marcación individual, según se ubique el marcador con respecto a su oponente y al balón. Siguiendo a Chaves y Ramírez (1998), hablaremos de los siguientes tipos:

1. Marcación de contacto
2. Marcación de interposición
3. Marcación distante
4. Marcación de contención

1.28.1. MARCACIÓN DE CONTACTO

Cuando existe un contacto físico y una lucha por el espacio entre el marcador y su oponente.

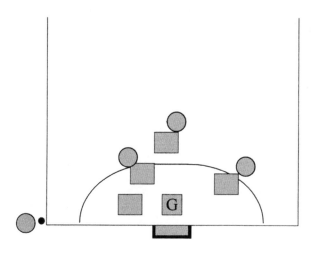

Figura 1.41. Marcación de contacto: se observa que los jugadores defensores están en contacto permanente con su par, lo que facilita su marcación, ya que de esta forma pueden mirar al balón y tener controlado a su oponente.

1.28.2. MARCACIÓN DE INTERPOSICIÓN

Aquélla en la que el defensor marca a su oponente interponiéndose entre éste y las posibles líneas de pase.

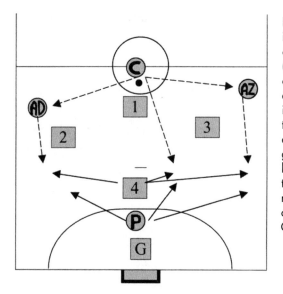

Figura 1.42. Marcación de interposición: se recomienda cuando el jugador con balón (atacante) está en la calle central de la pista o cuando el pívot P se encuentra en las inmediaciones del área contraria con el fin de disuadir al atacante para que no arriesgue el pase. Además ganar la espalda al cierre 4 es prácticamente imposible porque no hay espacio para ello y la cobertura que debe realizar G aumenta la seguridad.

1.28.3. Marcación distante

Cuando no existe contacto físico entre defensor y atacante porque el defensor prefiere anticiparse o interceptar.

Figura 1.43. Marcación distante: el jugador 1 intercepta, y 4 y 3 anticipan.

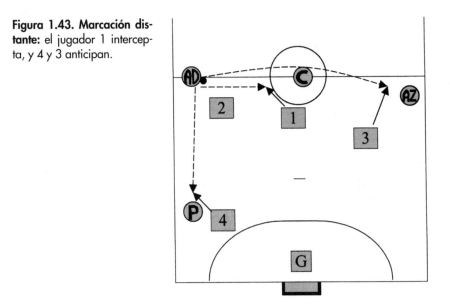

1.28.4. Marcación de contención

Aquélla en que el defensor marca a su oponente interponiéndose entre éste y la portería.

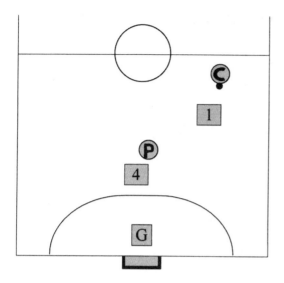

Figura 1.44. Marcación de contención: se evitan los pases en elevación, cuando la marcación se realiza fuera del área.

1.29. PAR DEFENSIVO

Pareja de defensores que realiza un dos contra uno.

Figura 1.45. Par defensivo

1.30. PÉRDIDA Y RECUPERACIÓN

Es la acción que realiza un defensor para retomar a su atacante que lo ha rebasado.

Figura 1.46. Pérdida y recuperación: quien realiza esta acción es el jugador 2 que, tras ser desbordado por el atacante AZ, lo vuelve a recuperar tras la ayuda que le proporciona su compañero.

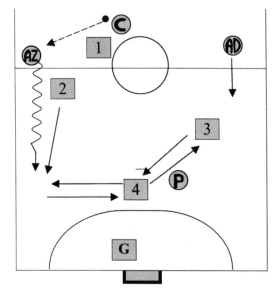

1.31. PERMUTA

Es aquella acción que nos permite ocuparnos de la posición y/o del oponente del compañero que ha salido en nuestra ayuda, una vez desbordados por nuestro contrario.

Si debido a la rapidez del juego, es un compañero distinto al rebasado el que realiza la acción, estamos hablando sólo de ayuda defensiva.

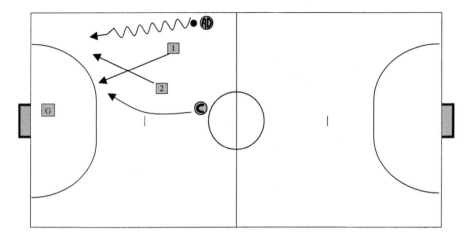

Figura 1.47. Permuta: el jugador 1 al ser desbordado tiene que hacerse cargo de la zona de su compañero 2 y/o de su contrario C según se desarrolle el juego.

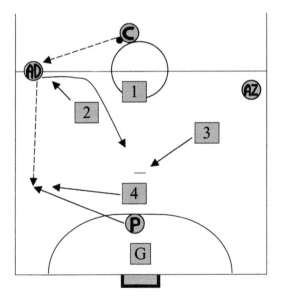

Figura 1.48. En esta acción vemos como, debido a la rapidez del juego, 2 no puede hacerse cargo del atacante de 3 ni de su posición, por lo que la ayuda la hará 1, y 2 vigilará a C o bien hará un repliegue por el centro. El jugador 2 también podría replegarse para realizar un 2x1 a P, y formar un «par defensivo» con 4.

Figura 1.49. Esta figura indica la posición final de la anterior.

La alternativa a esta acción sería cambiar las misiones de los defensas 2 y 1, es decir: 2 correría en diagonal hacia la banda contraria para marcar a AZ y 1 permanecería vigilando a C, pendiente de prestar la ayuda que necesiten sus compañeros.

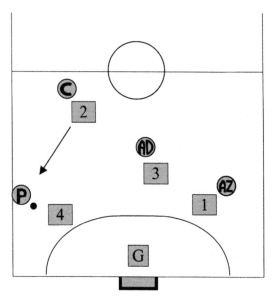

1.32. PROCEDIMIENTOS TÁCTICOS DEFENSIVOS

Combinación de dos o más fundamentos defensivos, de manera simultánea o secuencial en el tiempo para neutralizar el ataque del contrario. (Por ejemplo: coberturas-permutas).

Chaves y Ramírez (1998) distinguen varios tipos de coberturas-permutas:

1. Coberturas y permutas ocasionales. No previstas.

2. Coberturas y permutas del sistema. Previstas dentro del sistema.

3. Coberturas y permutas directas. Defensas del lado fuerte.

4. Coberturas y permutas indirectas. Defensas del lado fuerte y débil.

Se debe aclarar que las coberturas y permutas no previstas, así como las previstas dentro del sistema, pueden ser directas e/o indirectas.

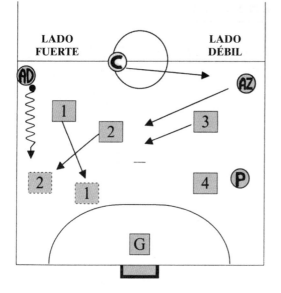

Figura 1.50. Cobertura-permuta directa: la realizan los jugadores del lado fuerte. El jugador 1 es desbordado por AD, 2 hace la cobertura y 1 ocupa el lugar de 2 que salió a ayudar: permuta.

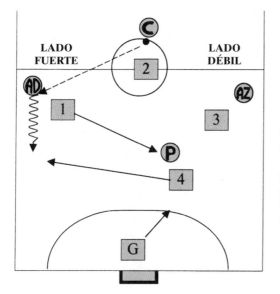

Figura 1.51. Cobertura-permuta indirecta: la realizan los jugadores del lado débil y fuerte. El jugador 4 está en el lado débil haciendo la cobertura a 1, el cual al ser desbordado por AD y 4 salir a su encuentro, tiene que hacerle la permuta y hacerse cargo de P yendo desde el lado fuerte. No obstante, el guardameta defensor, G, vigilará a P por si tuviera que intervenir si 1 no llegara a tiempo.

1.33. PROFUNDIDAD DEFENSIVA

Es la acción táctica que consiste en abarcar mucho espacio defensivo.

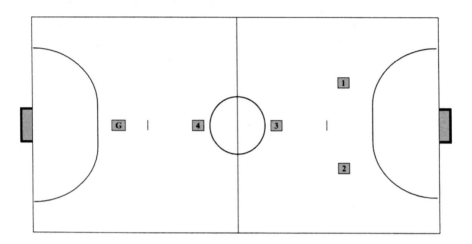

Figura 1.52. Profundidad defensiva: es clave un buen posicionamiento, es decir, tres líneas más el guardameta que es la cuarta.

1.34. PUNTEAR

Es la acción defensiva que consiste en fintar (engañar) la aproximación al atacante (portador del balón) y a sus posibles líneas de pase, e intentar ganar espacio, obstaculizando su acción.

Figura 1.53.: Puntear: el atacante 7 tiene a su izquierda un defensor (ayudante) que le está obstaculizando la línea de pase que tiene con un compañero que está fuera de la imagen, así como los demás ayudantes. Su defensor está espectante ante cualquier duda que le surja para provocarle el error.

1.35. REPLIEGUE

Son los movimientos de retroceso que realizan los jugadores de un equipo que han perdido la posesión del balón, para volver rápidamente a sus posiciones de partida o defensivas. Se realizará de forma inteligente.

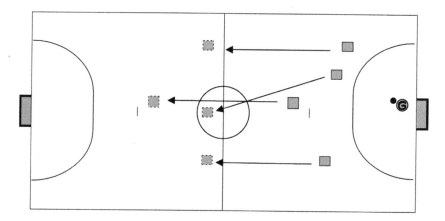

Figura 1.54. Repliegue: nuestro equipo ha perdido la posesión del balón al recuperarla el portero contrario, entonces nuestros jugadores vuelven rápidamente a sus posiciones defensivas.

1.35.1. Clasificación del repliegue

1.35.1.1. Repliegue según el número de jugadores que lo realizan

a) Individual si lo realiza un solo jugador.

b) Colectivo si lo realizan dos o más jugadores.

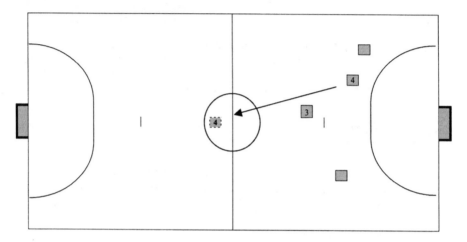

Figura 1.55. Repliegue individual: me interesa que el cierre 4 regrese a su posición natural, y, aunque seguimos presionando, quien se retrasa es él y no el ala 3 que está más cerca.

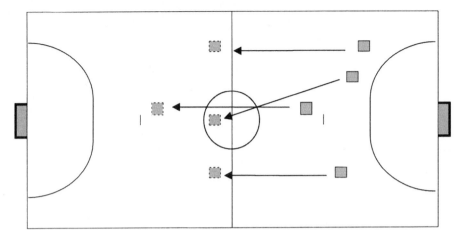

Figura 1.56. Repliegue colectivo: se realiza porque conviene situarse en una posición determinada en el campo para afrontar el ataque rival.

1.35.1.2. Repliegue según el lugar de la pista donde se realiza

a) Intensivo: cerca de la portería a defender.

b) No intensivo: más cerca de la portería a atacar.

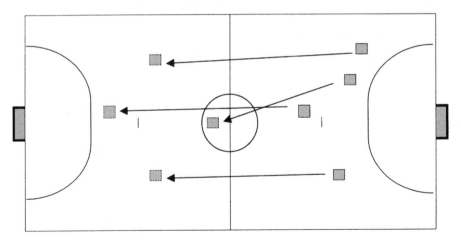

Figura 1.57. Repliegue intensivo: hemos perdido la posesión del balón muy cerca de la portería contraria, y nuestro posicionamiento inicial es en $2/4$ de pista, por lo que debemos salir rápidamente hacia nuestra ubicación, antes de que el equipo contrario organice su ataque.

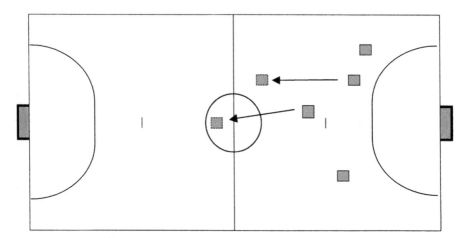

Figura 1.58. Repliegue no intensivo: nuestra misión es presionar, y nos hemos quedado muy cerca del área rival, por lo que con unos pequeños retrocesos de algunos jugadores estaremos en disposición de poder neutralizar el ataque del equipo contrario.

1.35.1.3. Repliegue según la posición de los jugadores

a) Posicional: cada jugador regresa a su posición defensiva determinada.

b) Aposicional: cada jugador regresa a su posición defensiva más cercana o más aconsejable.

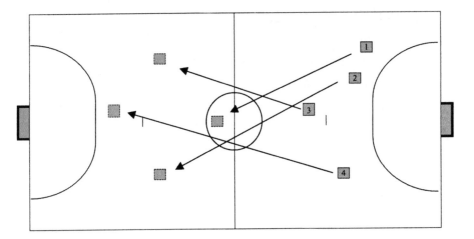

Figura 1.59. Repliegue posicional: necesitamos que nuestros jugadores defiendan en sus puestos naturales, porque su rendimiento es mayor, además son jugadores que bajan mucho su nivel si no lo hacen desde sus lugares habituales.

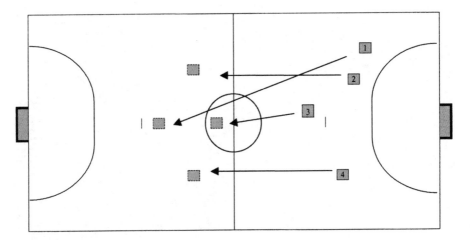

Figura 1.60. Repliegue aposicional: preferimos ganar tiempo, porque nuestros jugadores están habituados a jugar fuera de sus puestos naturales.

1.36. ROL SOCIOMOTOR

Aspecto dinámico del status. (Parlebas, 1976)[9].

La clasificación de los roles según Sampedro (1999, 77):

1. Atacante: cualquier jugador con balón.

2. Compañero: cualquier atacante sin balón.

3. Defensor: defensor del atacante con balón.

4. Ayudante: cualquier defensor del atacante sin balón.

5. Guardameta: rol específico definido por el reglamento.

Figura 1.61.: Rol: guardameta.

---

[9] Citado por Sampedro (1999, 76).

1.37. SUBROL SOCIOMOTOR

«Representa la serie de secuencias ludomotrices de un jugador, considerada como la unidad comportamental de base del funcionamiento estratégico de un juego deportivo». (Lasierra, 1993, 48).

Algunos ejemplos:

1. Atacante: tiro a portería, conducir, temporizar, regate...

2. Compañero: apoyo, desmarque, crear y ocupar espacios...

3. Defensor: recuperar el balón, defender, transición, temporizar...

4. Ayudante: ayuda defensiva, recuperar el balón, cobertura...

5. Guardameta: dirigir, parar o despejar el balón, sacar, apoyar...

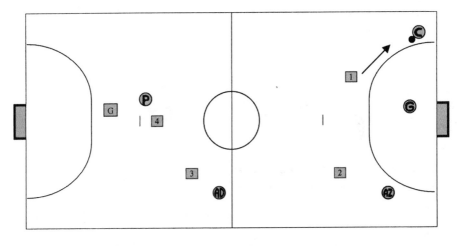

Figura 1.62. **Subrol sociomotor:** C = Atacante   AD, AZ, P = Compañeros
G = Guardameta   1 = Defensor   2, 3, 4 = Ayudantes

1.38. SEGUNDA AYUDA

Acción de hacerse cargo en defensa de un atacante que ha quedado libre por realizarse una ayuda.

Figura 1.63. Segunda ayuda: la acción de C (regate a 1) provoca una serie de ayudas entre los defensores para recomponer su defensa; así la primera ayuda la recibe 1 de 2 al ser desbordado, la segunda ayuda la recibe 2 de 4 al hacerse cargo de su atacante AD, otra segunda ayuda la recibe 4 de 3, y 3 de 1 que al ser rebasado se ocupa del atacante AZ.

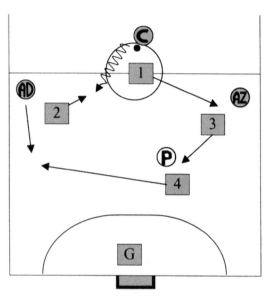

1.39. STATUS SOCIOMOTOR

Conjunto de derechos y deberes que el reglamento marca para cada jugador.

Figura 1.64.: Status sociomotor: las reglas del juego autorizan a los guardametas, entre otras cosas, a manejar el balón con las manos dentro del área propia, acción que ningún otro jugador puede realizar.

1.40. TEMPORIZACIÓN DEFENSIVA

«Son todas aquellas acciones que se realizan con engaño y que están encaminadas a ganar tiempo sobre las evoluciones del contrario». (Montero, 1987, 105).

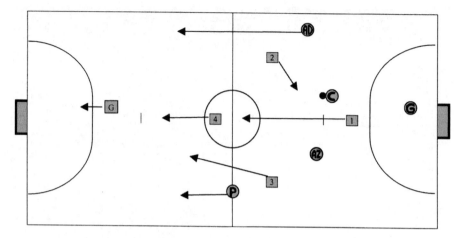

Figura 1.65. Temporización defensiva: esta acción viene precedida de una anticipación que realiza C sobre 1 cuando pretendía recibir de 2, al estar estos en ataque previamente. Por tanto, 2, que es el más cercano al jugador-balón C, le sale al encuentro para puntearle el lanzamiento o pase y retrasar el avance hacia nuestra portería, y dar tiempo al repliegue de nuestros jugadores, como vemos en el gráfico. (Aquí se desarrolla un procedimiento táctico compuesto por dos fundamentos tácticos, es decir, la temporización defensiva, que la realiza el jugador 2, y el repliegue, que lo efectúan el guardameta defensor y los jugadores 1, 3 y 4).

1.41. TIMING

Coordinación espacio-temporal de todos y cada uno de los integrantes de un equipo para realizar una acción determinada. (Para realizar o neutralizar una jugada de táctica estática o dinámica se necesita dominar este principio).

Basándonos en el ejemplo de la figura 1.65., podríamos decir que si no hubiera timing en los movimientos de los defensores, probablemente la jugada de contraataque del equipo rival terminaría en gol.

1.42. TRIÁNGULO DEFENSIVO

Figura que se produce en defensa, para ayudar mejor entre el defensor, su marca y el jugador-balón.

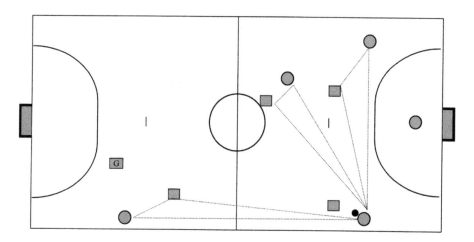

Figura 1.66. Triángulo defensivo: gráfico tomado y modificado de Sampedro (1997).

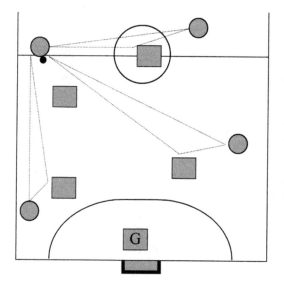

Figura 1.67. Triángulo defensivo: gráfico tomado y modificado de Sampedro (1997). En esta figura, así como en la 1.66., lo importante es estar pendiente del jugador-balón y de nuestro contrario par. La distancia con el atacante par debe estar en relación con el juego, es decir, cuanta más posibilidad tenga de recibir, más cercana será la marcación.

Las orientaciones con respecto al contrario par serán (teniendo como referencia el balón):

1. Por detrás: cuando el ataque le viene al defensor de frente. Por ejemplo: en la figura 1.68., el jugador 4 defiende a P por detrás. (Contención).

2. Lateral: cuando la acción se desarrolla en banda contraria a la que están ubicados el defensor y su atacante. Por ejemplo: en la figura 1.68., el jugador 2 marca lateralmente.

3. Tres cuartos: es un poco más diagonal que la marcación lateral, es de contacto. El defensor se coloca lateralmente y un poco por detrás de su atacante por donde está el balón, para anticiparse con un movimiento de pivote con la pierna más adelantada, si existe pase. Por ejemplo: en la figura 1.68., el jugador 3 le hace una marcación en tres cuartos a AD.

4. Por delante: se realizan fundamentalmente al pívot o en las defensas de sándwich. Por ejemplo: en la figura 1.69., el jugador 4 realiza una marcación por delante a P, debido a que el guardameta G puede ayudarle. (Interposición).

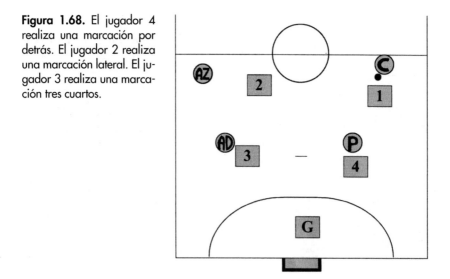

Figura 1.68. El jugador 4 realiza una marcación por detrás. El jugador 2 realiza una marcación lateral. El jugador 3 realiza una marcación tres cuartos.

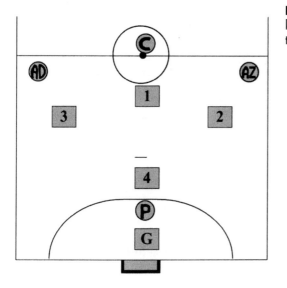

Figura 1.69. El jugador 4 realiza una marcación por delante a P.

Moreno et al. (1997) hablan de la perfecta orientación en las marcaciones laterales, e indican que el defensor se encuentra ocupando una posición en la bisectriz del ángulo que forman el adversario a quien se marca y la propia portería. Independientemente de donde esté el balón, sí hay que tener en cuenta la distancia con referencia al contrario que se marca. También aluden estos autores que es una situación muy frecuente en las marcaciones al pívot.

Moreno et al. (1997) no hablan de la distancia exacta, sólo hablan de la ubicación, que según la figura 1.70. sería en la bisectriz de ese ángulo que se ve.

Figura 1.70.

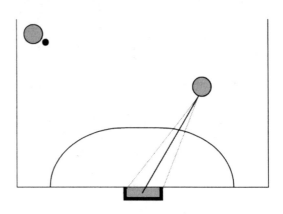

Sin embargo creemos que podemos precisar la distancia exacta, que sería, teniendo en cuenta el triángulo con su bisectriz del ángulo que forman el jugador-balón, el centro de la portería del defensor y su atacante.

En la intersección de las dos bisectrices es donde creemos que se encuentra la distancia exacta, aunque no la correcta, porque ésa la da el propio desarrollo del juego.

Figura 1.71.

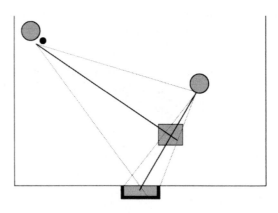

1.43. VIGILANCIA DEFENSIVA

Acción de alejarse el defensor de su oponente que no interviene momentáneamente en el juego, aunque su actitud es expectante, bien sea para ayudar a un compañero, bien sea para retomar la marcación o realizar una interceptación o una anticipación.

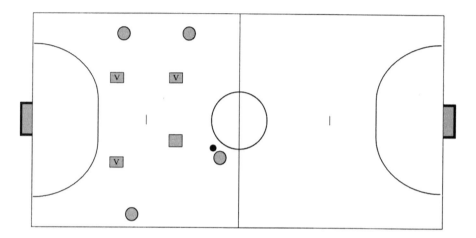

Figura 1.72. Vigilancia defensiva: son fundamentales las distancias entre compañeros y contrarios respecto del jugador-balón, para poder intervenir de forma inmediata, si fuese necesario, e impedir una acción peligrosa. Como vemos en el gráfico los defensores V se encuentran situados de forma que las distancias entre ellos, los contrarios y el jugador-balón no les impediría realizar las ayudas que fuesen necesarias para evitar el peligro.

2

DEFENSA EN ZONA

2.1. CONCEPTO DE DEFENSA EN ZONA

Es responsabilizar a cada jugador del equipo de un espacio de la pista que es cambiante y desde el cual centralizar su atención en el balón, los contrarios, en especial el que entre en su zona, en colaborar con sus compañeros y en su propia portería.

2.2. CONSIDERACIONES GENERALES DE LA DEFENSA EN ZONA

1. El equipo tras la línea del balón. Si el juego es en el área no. (Saque de esquina).

2. Se requiere una comunicación constante entre los jugadores que la realizan.

3. La referencia de esta marcación es el balón, de ahí que los defensores tengan que reposicionarse continuamente según ubicaciones del mismo, procurar que siempre esté presionado y cerrar líneas de pase o tiro.

4. Asignaciones territoriales. Jugador que corta la zona hacia el balón, el defensor debe seguirlo hasta que se aleje de la misma y no pueda recibir el pase. (Sampedro, 1997).

5. Responsabilidades colectivas. Todos colaboran con todos, por lo que se facilitan las coberturas. No al individualismo.

6. Intensidad. «Tiene que ver con la actitud de los jugadores. Hablaremos de mayor o menor intensidad en defensa, según como sea el grado con el que los jugadores son capaces de presionar al rival» (Lozano et al, 2002, 152).

7. Evitar dos marcas para un solo compañero.

8. El portador del balón debe «sentirse» presionado en todo momento por su defensor y los ayudantes de éste, principalmente, si el balón no lo tiene controlado; de manera que no pueda pensar con claridad, lo que le provocará errores.

9. No se debe perder de vista el balón. Sirve como recomendación para cualquier defensa que se esté realizando.

10. Se protege mejor los espacios mortales (abarca los 12-15 m² desde la portería a atacar, excepto los dos ángulos de los saques de esquina).

11. Fundamentalmente estar pendiente del balón y del contrario que en ese momento se encuentren en su zona. La defensa debe bascular hacia donde esté el móvil (gran elasticidad).

12. Según Lozano et al. (2002, 25), «Si el atacante con balón intenta penetrar en otra subzona, el defensor CAMBIA DE MARCACIÓN al otro defensor ... conlleva un gran peligro en la acción ...».

   • «El defensor que entrega el atacante inmediatamente debe asumir una actividad del juego (por ejemplo, cambio de marcación con el atacante de su compañero, defensa en zona de línea de pase, ayuda, etc.)».

   • Estos autores siguen comentando que el cambio de marcación es más complicado con el jugador que pasa y se desmarca.

   • Y prosiguen diciendo que si el compañero no toma al atacante, la misión del defensor es seguirle.

   • Y también que si un atacante con balón penetra en el espacio entre dos defensores que están en zona, estos actuarán en cobertura.

- Finalmente estos autores hablan, con buen criterio, de la necesidad que tienen los defensores de comunicarse constantemente de forma oral de manera oportuna, concisa, clara, activa y así mantener permanentemente la atención y la combatividad de todos los jugadores con lo que se minimizan los errores en el juego individual de defensa.

13. Todos los defensores tienen que conocer las misiones de cada uno de los compañeros para ayudar con más efectividad y porque al ser zonas cambiantes, no sólo en tamaño, cualquiera puede verse fuera de su zona habitual momentáneamente, debido al lance del juego, y tener que desempeñar las misiones que están encomendadas en ella. Estos cambios suelen ser frecuentes a lo largo del encuentro.

2.2.1. Ventajas de la defensa en zona

1. Aumenta la protección de nuestra área. Un ejemplo claro es que se cierra con más efectividad el centro de la defensa, y se evitan pases al pívot y finalizaciones en el segundo palo.

2. Se facilitan las ayudas.

3. Se cometen menos faltas técnicas que con la defensa individual.

4. Menos desgaste físico.

5. Facilitan las recuperaciones y se cierran mejor los rechaces, lo que favorece el contraataque.

6. Favorece el repliegue.

7. «Es muy buena contra equipos con malos pasadores» (Valdericeda, 1994, 41).

8. Buena para defensores lentos, lo que influye, por ejemplo, en la mejora de la defensa de los aclarados.

2.2.2. Inconvenientes de la defensa en zona

1. Su total aprendizaje es algo complicado.

2. La sobrecarga de jugadores atacantes la dificulta, es decir, más de un jugador contrario dentro de una misma subzona.

3. Débil con tiradores de media y larga distancia.

4. Gran esfuerzo físico de la primera línea de defensa para evitar ser superada. (Depende del posicionamiento que esgrimamos).

5. Provoca muchas inferioridades defensivas que hay que tener previstas.

6. Sentirse ayudado puede inducir a la relajación.

2.3. ZONA OFENSIVA (ZOF)

2.3.1. CONCEPTO DE ZONA OFENSIVA (ZOF)

Es cuando la defensa comienza a presentarle batalla al contrario en la parte de pista del equipo rival, fundamentalmente a partir de $^3/_4$ de pista en adelante.

2.3.2. RECUPERACIÓN SIN PRESIÓN AL BALÓN (ZON)

Es la defensa ZOF que no hace ni pressing ni presión expresamente, sino que se limita a marcar el pase esperando el fallo del rival, es decir, un mal pase, una mala recepción, un despiste. Esto propicia que esta defensa sea superable mediante pases por alto, mientras exista mucho espacio a la espalda de la defensa; además, si no se produce el fallo del atacante, el equipo defensor irá cediendo terreno hasta llegar a las inmediaciones de su área de penalti, con el consiguiente peligro que ello conlleva; cuando lo que se pretende es tener el balón lo más alejado posible de nuestra portería.

2.3.2.1. Zona ofensiva central (ZOC)

Hay tres jugadores atacantes en primera línea moviendo el balón y éste puede penetrar por el centro.

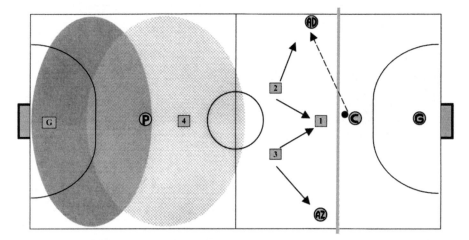

Figura 2.1. Se observa que los defensores (posicionamiento 1-1-2-1) están en situación de ayudar al compañero si lo necesita (coberturas). Cabe destacar que el guardameta defensor, G, colabora en posición de cobertura sobre su compañero 4 por si P lograra desmarcarse.

Al no estar presionado el balón, el guardameta tiene que estar muy atento al atacante (jugador–balón), ante un posible ensayo a gol debido a su posición tan adelantada y la marcación de 4 a P tendrá que ser más próxima.

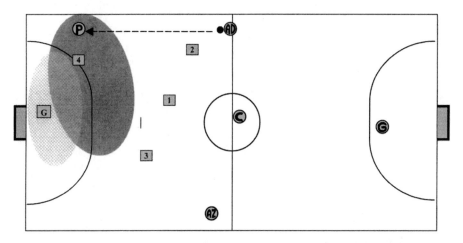

Figura 2.2. Tras el pase de C a AD todos los defensores han tenido que retroceder detrás de la línea de balón, pero su actitud se mantiene como hemos comentado en la Figura 2.1. Se debe reseñar que obviamente los jugadores defensores 4 y G han variado su zona de influencia.

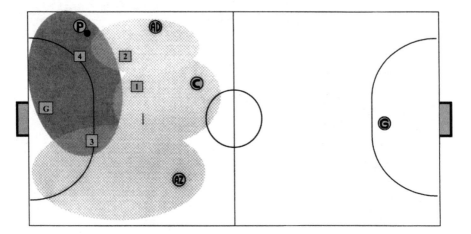

Figura 2.3. Una vez P ha recibido el balón de AD la defensa vuelve a retroceder, pero esta vez no todos están detrás de la línea del balón, ya que si así lo hicieran habría mucho espacio delante de la portería para ensayar el tiro desde muy cerca, así como la maniobrabilidad de los atacantes sería mucho mayor debido a la gran distancia que les ha dejado su marcador correspondiente. Apuntamos la importancia del jugador 3, que baja a cerrar el centro y la línea con su atacante AZ, al que vigila.

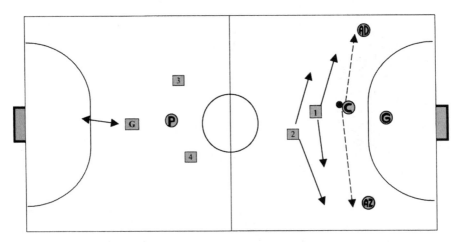

Figura 2.4. En este posicionamiento en cuadrado 1-2-2, los jugadores 1 y 2 como barrera móvil intentan tapar el centro y 3 ó 4 recibirán al jugador que realice el corte ofensivo.
El guardameta defensor, G, debe prever los tiros a gol lejanos, fundamentalmente mediante trayectorias elevadas.

2.3.2.2. Zona ofensiva lateral (ZOL)

Los jugadores atacantes de primera línea de ataque están muy abiertos, por lo que el peligro puede llegar mediante paralelas (por las bandas).

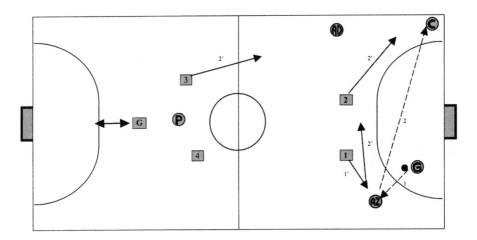

Figura 2.5. En este posicionamiento en cuadrado en ³/₄ de pista se observa el movimiento de la barrera móvil integrada por los jugadores 1 y 2. Uno de los jugadores de la segunda línea defensiva se hará cargo de P y el otro del segundo atacante más adelantado.
El guardameta defensor, G, deberá variar la distancia a su portería en previsión de un ensayo a gol de lejos del atacante (jugador-balón).

2.3.2.3. Zona ofensiva sobre la posición pívot (ZOP)

Se explicará más adelante cuando se hable de la zona presionante al pívot (ZPP) y cuya diferencia con ésta es que la intensidad en la marcación es menor, pero sí se está muy concentrado en marcar el pase.

2.3.3. Recuperación con presión al balón

Zona presionante (zpb)

Es la defensa ZOF que provoca el fallo del contrario al intentar que el hombre-balón se encuentre siempre acosado.

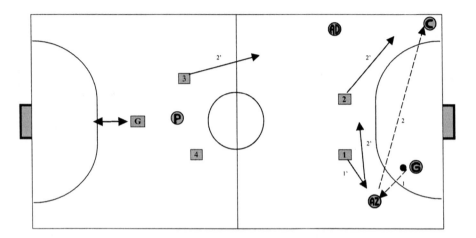

Figura 2.6. La diferencia con la Figura 2.5. es que aquí los jugadores de la primera línea defensiva sí presionan el balón. Con este posicionamiento (1-2-2) la barrera móvil 2 y 1 tiene que evitar ser desbordada, pero si uno de los jugadores atacantes cortara libre de marcación, se emparejaría con 3 ó 4 según el desarrollo del juego. Otra opción es que 3, tras el movimiento del balón, reduzca la distancia con AD.

2.3.3.1. Presión en banda (ZPL)

Debemos llevar al contrario hacia un lateral de la pista donde conseguiremos una ventaja adicional, porque «la banda en defensa es uno más» (Chaves y Ramírez, 1998, 148). Esto necesariamente debe reportarnos, como mínimo, la interrupción del juego, de lo contrario nos podremos encontrar con una delicada situación de inferioridad numérica, cuando lo que pretendíamos era una superioridad defensiva.

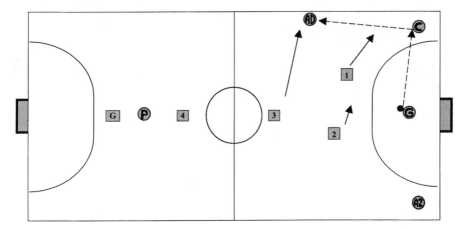

Figura 2.7. Con este posicionamiento inicial defensivo se incita al guardameta atacante, G, a pasar a C, lo que obliga a desplazar la barrera móvil 1 y 2. Éste último presiona la línea de pase de C con AZ y al mismo tiempo realiza la cobertura a 1, a la vez que 3 acerca su marcación sobre AD y 1 incita a C a un pase forzado sobre AD.

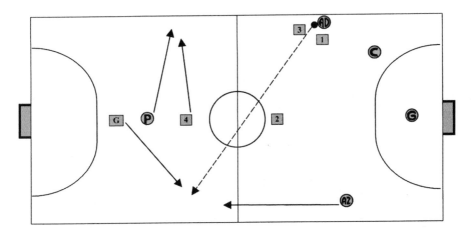

Figura 2.8. En la continuación de la jugada iniciada en la Figura 2.7., C ha pasado a AD, hecho que aprovechan 2 y 1 para realizar un 2x1; 2 se posiciona en una zona donde presiona la línea de pase a AZ y vigila a C. El guardameta del equipo defensor, G, y el jugador número 4 vigilan los movimientos de P, y cierran sus posibles líneas de pase. El jugador 1 no debe olvidarse de C, puesto que puede recibir, y presionarle si lo consigue.
Si AZ ganara la espalda a 2, por ejemplo con un pase aéreo, y P hiciera un desplazamiento hacia la banda contraria, el guardameta defensor, G, se encargaría de salir al corte.

2.3.3.2. Celada o armadilla

Además de lo ya expuesto anteriormente, es preciso señalar que es una defensa presionante premeditada, en la que se implican en la presión al balón tres defensores (3x1).

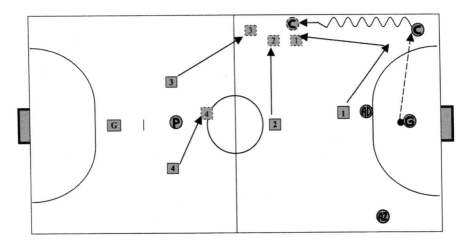

Figura 2.9. Además de las referencias anteriores, proponemos un ejemplo con posicionamiento en embudo invertido (1-2-1-1), adaptado de Tolussi (1982). Como se observa es muy arriesgado, aunque ahora menos, ya que contamos con el concurso del guardameta defensor, G.

2.3.3.3. Presión al cierre con balón (ZPC)

Es una acción que se realiza cuando un jugador atacante está o se sitúa en esa posición y observamos dudas en su comportamiento, condiciones físicas o técnicas; entonces es cuando le punteamos y a la señal todos presionan para conseguir cerrar líneas de pase y sorprender al equipo rival dando sensación de agobio para conseguir el fallo.

No olvidamos otras consideraciones sobre el despliegue ya expuestas.

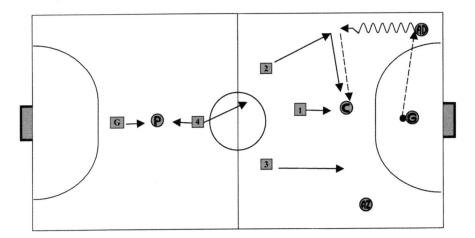

Figura 2.10. El jugador C recepciona mal el pase de AD y queda de espaldas a la portería atacante y a los compañeros, entonces 1 presiona a C y cierra la línea de pase a AZ, al mismo tiempo 2 también le presiona y le cierra la línea de pase con AD; el jugador 4 vigila a P y AD; el 3 vigila a AZ y el guardameta defensor, G, a P. De esta forma todo el equipo avanza hacia la portería rival, provocando el nerviosismo del jugador C en particular y del equipo atacante en general.

2.3.3.4. Presión al pívot con balón (ZPP)

Esta acción es tanto más peligrosa cuanto más cerca de la portería del equipo defensor se realice. Consiste en hacer llegar el balón al jugador que se encuentra en la posición de pívot, por lo que la defensa deberá actuar según se expone en las Figuras 2.11. y 2.12.

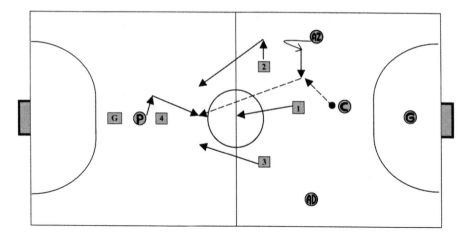

Figura 2.11. El jugador AZ realiza una finta para atraer a 2 y crear una línea de pase para que, tras el pase de C, P gane la posición a 4 y reciba. La reacción defensiva debe ser la de agruparse en torno al jugador-balón, cerrando cualquier línea de pase, y obligarle, si no tiene éxito la presión, a que el balón vuelva hacia el jugador que realiza el balance defensivo, que aquí es AD.

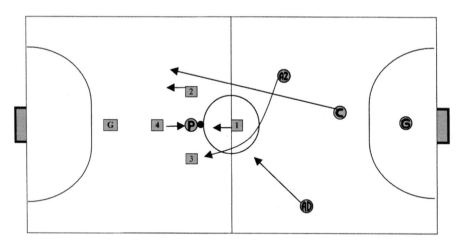

Figura 2.12. El guardameta defensor, G, es fundamental, por lo que debe colocarse en cobertura a la línea por si tuviese que salir al corte, sin descuidar su área, ya que, según el desarrollo del juego, un tiro lejano podría ocasionarle problemas.

2.4. ZONA DEFENSIVA (ZDE)

2.4.1. Concepto de zona defensiva (ZDE)

Se manifiesta cuando el equipo defensor espera al contrario en su propia media pista y una vez que el atacante ha traspasado la línea de media cancha, la defensa comienza a actuar.

A esta marcación se le puede aplicar todo lo observado en la marcación ZOF con la diferencia de que hay menos tiempo de reacción cuando se cometen fallos, pero la ventaja es el menor espacio a defender; no obstante queda por ver la marcación en $\frac{1}{4}$ de pista, a la que llamaremos defensa cerrada (DCE).

2.4.2. Defensa cerrada (DCE)

Es una ZDE en la que los defensores se posicionan en su propio $\frac{1}{4}$ ó $\frac{1}{3}$ de pista y una vez que el atacante se acerca a esas inmediaciones, la defensa inicia la batalla.

Hay entrenadores que no conciben esta defensa zonal, considerándola sólo individual, porque piensan que el cambio de oponente no da tiempo a realizarlo, pero creemos que la gran densidad defensiva que existe facilita las ayudas, y la marcación zonal se basa en éstas. Es cierto que el tiempo de reacción es mucho menor que en cualquier otra defensa planteada en lugares más alejados de la propia portería, pero sabemos que no existen defensas perfectas, por tanto son decisiones tácticas que el entrenador debe asumir.

2.4.2.1. Inconvenientes de la defensa cerrada (DCE)

1. Es superable con paredes cortas y rápidas.
2. Tiros a corta y media distancia.
3. Un mínimo descuido no da tiempo a rectificar.
4. Se le da demasiada cancha al atacante.

Figura 2.13.
Figura modificada tomada de Tolussi (1982). El posicionamiento es flexible ya que se conjugan el 1-1-2-1 y el 1-3-1 debido a que los movimientos son rápidos y cortos, lo que facilita su combinación. Las claves son el jugador 1 o pívot que es el que se desplaza para puntear el balón en la 1ª línea de ataque del equipo contrario y el 4 o cierre que está pendiente de las coberturas y permutas con sus compañeros 2 y 3, fundamentalmente y también de encargarse del atacante que tome la posición de pívot. Los demás realizan las

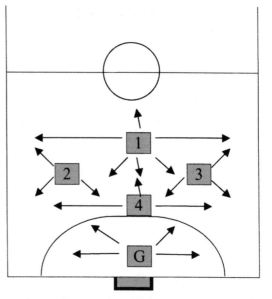

misiones complementarias de cerrar líneas de pase, de ayudar a 4 y 1, así como desempeñar las funciones de estos cuando se realizan permutas e impedir las penetraciones y tiros laterales. G es la 4ª línea defensiva que da cobertura a la 3ª línea.

Figura 2.14.
Éste es uno de los muchos ejemplos que se podrían proponer:
como el jugador 1 no llegaría a puntear a AZ por estar la primera línea de ataque muy abierta, se produce una rotación de puestos como se observa en esta figura.

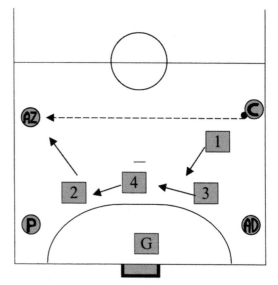

2.4.2.2. Ventajas de la defensa cerrada (DCE)

1. Facilita el contraataque.
2. Se puede utilizar para defender un resultado favorable.

3

DEFENSA INDIVIDUAL

3.1. CONCEPTO DE DEFENSA INDIVIDUAL (DIN)

Es la marcación que responsabiliza a cada jugador de la defensa de un atacante concreto, sin olvidar la importancia del balón, como dice Lozano et al. (2002); si un defensor es rebasado por un atacante con balón la ayuda defensiva debe realizarse de inmediato, con el cambio de responsabilidades pertinentes, aunque sea de forma momentánea.

Es la defensa estrella, la básica de la que derivan todas las demás.

Hay entrenadores que piensan que las distintas marcaciones que conocemos son un recurso variante de la defensa individual, por ejemplo: cuando el ataque rompe una defensa zonal, para organizarse el equipo defensor, en muchas ocasiones, recurre a la defensa individual.

Usar los fundamentos de la marcación del balón (zonal) son importantes para mejorar la defensa individual (Tolussi, 1982)[1]. Por ejemplo la preocupación por cerrar el centro de la pista.

---

[1] Este mismo autor señala que la marcación individual (DIN) posee un poco de cada tipo de marcación y es por tanto la más completa de ellas.

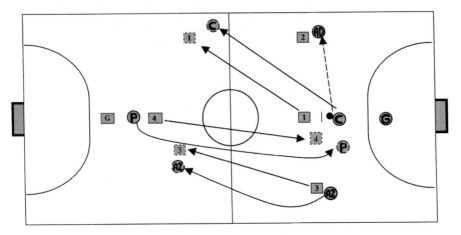

Figura 3.1. Marcación HxH en ³/₄ sin coberturas y vigilancias.

Otro ejemplo que propone la FEFS[2] (1990) es que si necesitamos que nuestro cierre siga en su posición natural, no irá con su par si éste se mueve hacia su cancha, esperará a que retorne hacia nuestra área; mientras tanto practicará vigilancias y coberturas a sus compañeros.

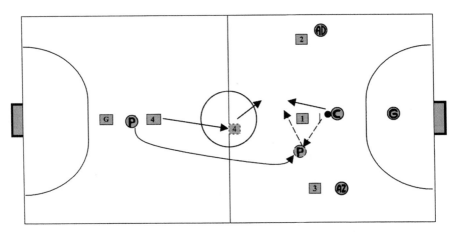

Figura 3.2. Reproduciendo la propuesta de la FEFS (1990) vemos como el jugador 4 (cierre) no sigue en campo contrario a su par, ya que le espera en el centro del campo; pero puede ocurrir lo que observamos en la figura: P realiza una pared con C por lo que 4 debe salir al corte o temporizar a la espera de acontecimientos, como por ejemplo hacer cambio de oponente con 1.

² **FEFS:** Federación Española de Fútbol Sala.

3.2. CONSIDERACIONES GENERALES DE LA DEFENSA INDIVIDUAL

1. El pívot es el que elige par atacante central; de no haberlo, elegirá el más atrasado o en posesión del balón, o el que hace de cierre en el equipo contrario. También debe acompañar la jugada para ayudar aunque su par permanezca retrasado (Tolussi, 1982).

2. Su objetivo prioritario es el contrario y después el balón; es decir, cada defensor se preocupa de su par, contrariamente a lo que pasa en la defensa zonal.

3. La defensa estará detrás de la línea del balón, siempre que sea posible, para facilitar las ayudas (por ejemplo: cerrar centro).

4. Normalmente la asignación del par no es fija; depende del posicionamiento defensivo y del desarrollo del juego. Pueden haber varias asignaciones durante el partido para cada defensor, a no ser que el técnico asigne pares concretos.

5. Se debe estar cerca de la línea de pase del rol compañero para impedir que reciba el balón.

6. Incita a la interceptación/anticipación.

7. Evita los cortes por delante del rol ayudante, al mantener la pierna adelantada de éste sobre el atacante (rol compañero). Si lo hace por detrás, mantener la distancia correcta (Sampedro, 1997).

8. Dominar situaciones que provocan confusión o superioridad numérica, como bloqueos, cortes, sobreposiciones[3], etc., mediante cambio de oponente o anticipación.

3.2.1. VENTAJAS DE LA DEFENSA INDIVIDUAL (DIN)

1. Defensa más agresiva que la zonal, lo que facilita los contraataques. Su intensidad aumenta conforme el atacante se va acercando al área del equipo defensor, es decir, de vigilante a presionante.

---

[3] **Sobreposición:** es la acción que realiza el compañero sobre el atacante (jugador-balón) al pasar en su desplazamiento por detrás de él e intentar el desmarque.

2. Las misiones de los jugadores están muy definidas, lo que incrementa la combatividad.

3. En situaciones límite, resultado en contra, nos puede hacer recuperar el balón con mucha prontitud, sin olvidar el riesgo que esta acción conlleva.

4. Las líneas de pase se encuentran más presionadas (Lozano et al., 2002). Esto provoca muchos errores en el pase.

3.2.2. INCONVENIENTES DE LA DEFENSA INDIVIDUAL (DIN)

1. Requiere gran condición física y psíquica.

2. Las ayudas son difíciles debido a la preocupación por el hombre asignado.

3. Provoca espacios libres ya que cada uno sigue a su par.

4. Se cometen más faltas técnicas, porque las marcaciones son de mucho contacto.

5. Tienen gran peligro los medios tácticos ofensivos que provocan confusión (bloqueos, pantallas[4], etc.).

6. No es adecuada para jugadores lentos, ya que el juego se desarrolla con mucha velocidad y cambios de ritmo.

7. Si se yerra en la interceptación/anticipación, se produce una inferioridad defensiva.

3.3. TIPOS DE DEFENSA INDIVIDUAL (DIN)

El espacio a cubrir por el equipo defensor es el *handicap* con el que se encuentra esta marcación, ya que dependiendo de donde se aplique será más o menos arriesgada; no es lo mismo realizarla en toda la pista que en ¼ de la cancha.

---

[4] **Pantalla:** es el apoyo corporal mediante el cual, un compañero del portador del balón se coloca delante del defensor o portero para dificultar la acción de estos y así facilitar la maniobra de aquél. Son frecuentes en jugadas de táctica estática.

Por lo expuesto podemos hablar de:

1. HxHT ($^4/_4$ de pista)
2. HxH$^3/_4$ ($^3/_4$ de pista)
3. HxH½ ($^2/_4$ de pista o media pista)
4. DCI (defensa cerrada individual en ¼ de pista)
5. Saltar y cambiar (blitz)

Estos tipos de marcaciones se pueden desarrollar según las siguientes **MODALIDADES:**

3.3.1. DIN SIN COBERTURAS Y VIGILANCIAS

Donde la marcación es de contacto y las coberturas-permutas ocasionales. La intensidad del despliegue es el pressing.

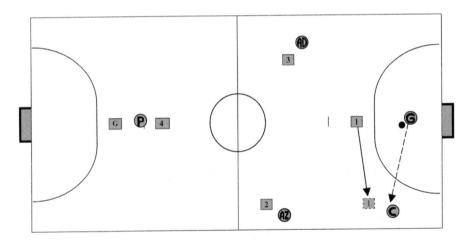

Figura 3.3. En este movimiento del pívot 1 se observa que está pendiente de presionar el balón, ya que si no lo hace el centro queda expedito para que el portero atacante G pueda realizar un pase tras el desmarque de P, por tanto 1 espera el pase a C para presionarle como ya lo están haciendo sus compañeros con sus pares. Puede ocurrir que su entrenador le diga que se encargue siempre de C.

3.3.2. DIN CON COBERTURAS Y VIGILANCIAS

Se proponen coberturas-permutas del sistema y se opta por presionar o no el balón.

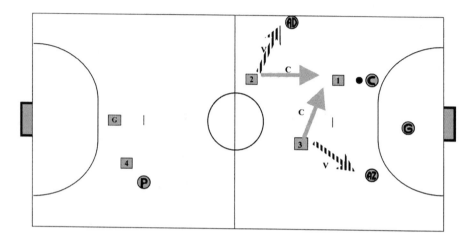

Figura 3.4. Mientras 1 presiona al hombre-balón, 2 y 3 vigilan a sus pares y al mismo tiempo le hacen cobertura. El guardameta defensor G le hace cobertura a todos sus compañeros, pero aquí, en esta posición, a 4 y a 2. Si no se presiona el balón, la actitud del guardameta defensor, G, debe ser más conservadora.

3.3.3. DIN CON PRESIÓN ALTERNATIVA (CHAVES Y RAMÍREZ, 1998)

1. La presión es intermitente, se finta y se espera el momento final en el que se produce el despliegue.

2. En la primera fase el defensor del atacante con balón es el único que muestra presión para evitar el pase a un compañero.

3. En la segunda fase se ordena la presión y se estrechan las marcaciones. El guardameta se adelanta, como en toda presión, para dar la última cobertura.

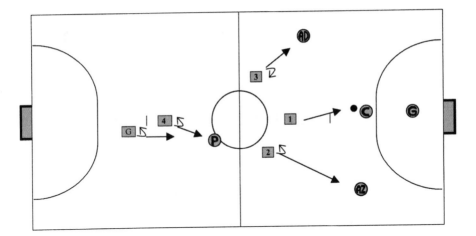

Figura 3.5. El jugador 1 realiza un seguimiento al hombre-balón, sus compañeros hacen fintas de desplazamiento hacia sus pares respectivos, pero a la señal de uno de los jugadores más retrasados se ordena el despliegue total.

3.3.4. DIN CON PRESIÓN AL BALÓN

El defensa del jugador-balón avanza sobre él agobiándolo.

Esta modalidad puede ir compartiendo cualquiera de las otras tres ya reseñadas.

Con esta modalidad, y aquéllas en las que está presente el despliegue, se pretende la recuperación activa del balón.

La idea es hacerlo sobre el jugador menos hábil técnicamente.

También hemos de tener en cuenta que la presión es más efectiva justo en el momento en que el jugador va a recibir el balón y no cuando lo tiene ya controlado y dispuesto para jugarlo.

Cuando el defensor presiona, sus compañeros ayudantes también deben estrechar sus marcaciones a sus pares, lo que facilitará la recuperación del balón.

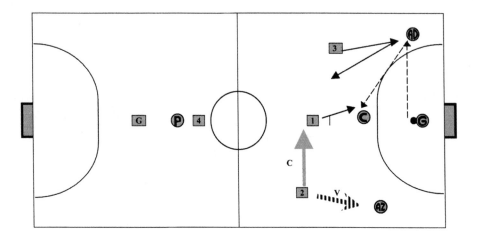

Figura 3.6. A AD, que es el jugador menos hábil, se le deja que reciba el balón e inmediatamente se le presiona, lo que provoca que realice un pase precipitado a C y la posibilidad de que el jugador 1 se anticipe. El jugador 2 hace cobertura a 1 y vigila a su par.

3.4. HXHT (DEFENSA INDIVIDUAL EN TODA LA PISTA, $^4/_4$)

3.4.1. CONCEPTO DE DEFENSA INDIVIDUAL EN TODA LA PISTA

Es una marcación DIN de alto riesgo en la cual se realiza un despliegue en toda la pista sobre el equipo atacante; de esta forma lo único que se pretende es recuperar el balón lo antes posible.

3.4.2. CARACTERÍSTICAS DE LA DEFENSA INDIVIDUAL EN $^4/_4$

1. El despliegue intenta que el atacante no pueda pensar.
2. El objetivo principal es el de recuperar el balón rápidamente, y se impone la marcación de contacto.

3. Puesta en práctica: (Sampedro, 1997)

   a) Debe ser sorpresiva.

   b) Para dar la vuelta al marcador en poco tiempo.

   c) Cuando se es superior al contrario.

   d) Para romper el ritmo del partido.

   e) Cuando nuestro nivel de preparación física es mejor.

   f) Para cambiar o imponer un ritmo de juego defensivo.

4. Ventajas:

   a) El robo del balón da grandes posibilidades de rápidas y ventajosas finalizaciones.

   b) Se mantiene el balón lejos de nuestra portería.

5. Desventajas:

   a) Si las aperturas (salidas de presión/pressing) las tiene bien trabajadas el equipo atacante, su aplicación se hace complicada.

   b) Riesgo al intentar cubrir tanto espacio.

   c) Se necesita gran preparación física y psíquica. (Se requiere un buen banquillo).

   d) Las ayudas defensivas son complicadas de realizar, porque el defensa está pendiente de su marcador y las distancias son, a veces, muy amplias.

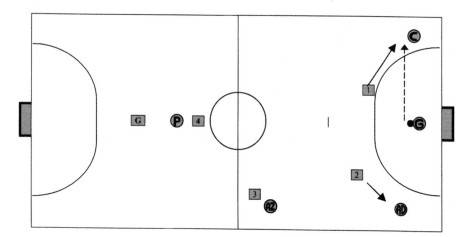

Figura 3.7. HxH Total (HxHT – ⁴/₄). Todos los defensores están atentos al pase del guardameta atacante, G, y una vez que lo realiza a C, el jugador 1 estrecha la marcación sobre él. El defensor 2, que al igual que 1 estaba algo distante de su oponente antes del pase, reduce drásticamente esa distancia. El jugador 3 intensifica aún más su marcación con su par y 4 con P. El guardameta defensor, G, está atento a una posible ayuda.

3.5. HXH³/₄ (DEFENSA INDIVIDUAL EN TRES CUARTOS DE PISTA)

3.5.1. CONCEPTO DE DEFENSA INDIVIDUAL HXH³/₄

Es una marcación DIN que comienza sus asignaciones cuando el equipo atacante llega a una distancia de 8-10 metros de la línea divisoria de la cancha. Es ahí donde cada defensor va recibiendo a su par asignado.

3.5.2. CONSIDERACIONES DE HXH³/₄

Las diferencias más significativas con la defensa anterior (HxHT) son:

1. Puede ser menos intensa.

HOJA
PEDIDO LIBRERÍA

Editorial Paidotribo

Apartado n.º 34 AP
08910 Badalona

Si desea recibir información sobre las novedades de PAIDOTRIBO, envíenos la presente tarjeta con sus datos completos, indicando además el título del libro en el que figuraba la misma y la librería donde lo adquirió o consulte nuestra página Web:

http://www.paidotribo.com

(Por favor, escriba en letra de imprenta)

Nombre . . . .

Apellidos . . . .

E-mail . . . .

Dirección . . . .

Población . . . .

C.P. . . . . País . . . .

Profesión . . . .

Título del libro . . . .

Librería . . . .

¿Cómo conoció este libro?

☐ Reseña   ☐ Anuncio

☐ Escaparate   ☐ Recomendación

☐ Catálogo   ☐ Aconsejado

☐ Otros . . . .

MATERIAS DE SU INTERÉS

☐ Ajedrez

☐ Artes Marciales

☐ Deportes. ¿Cuál? . . . .

☐ Educación Física / Pedagogía / Juegos

☐ Fisioterapia

☐ Medicina deportiva

☐ Homeopatía

☐ Libro práctico

☐ Masaje

☐ Nutrición

☐ Salud

☐ Tercera edad

2. La batalla la presenta más cerca de su portería, lo que requiere menos condición física y psíquica.

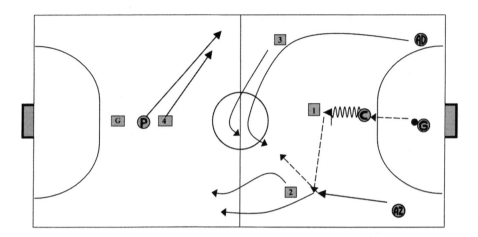

Figura 3.8. En esta figura ejemplo vemos que se limita a marcar el pase; de hecho 2 no intenta anticiparse en el pase de C a AZ, sino que, con buen criterio, espera la resolución de la jugada mediante una marcación de interposición que cierra líneas de pase, y que evita una pared con AD muy peligrosa. Si la marcación al balón no se realiza por debajo de los dos metros, aparece el peligro de los balones aéreos, que podrían recibir cualquiera de los atacantes compañeros. Ante esta eventualidad el portero defensor G tiene que estar atento para salir al corte o calibrar su distancia con la portería por si algún atacante decidiera ensayar el tiro.

3.6. HXH½ (DEFENSA INDIVIDUAL EN MEDIA PISTA)

3.6.1. CONCEPTO DE DEFENSA INDIVIDUAL EN MEDIA PISTA

Es una marcación DIN que comienza sus asignaciones cuando el equipo atacante cruza la línea de medio campo. Es ahí donde cada defensor va recibiendo a su par asignado.

3.5.2. CONSIDERACIONES DE HxH½

Las únicas diferencias con la defensa HxH³/₄ son:

1. No requiere tanta condición física y psíquica, por tanto menos banquillo.

2. Importantísimo cerrar el centro.

3. Peligro de faltas cerca del área.

4. Deficiente visibilidad del portero por gran densidad de jugadores.

5. Mala posición de la defensa para cerrar los rechaces al estar de espaldas a la portería (Sampedro, 1997).

Figura 3.9. Iniciación y desarrollo: el jugador 3 es el primero en tapar el centro y 1 ayuda y vigila a su par; 4 ayuda y vigila a su par y 2 sigue a su par, intentando una marcación en tres cuartos, ya que el corte lo hace el atacante (compañero) por delante del defensor (ayudante). Al ganar éste la posición, hace una parada en el centro en posición de pívot e intenta encontrar el hueco⁵ para recibir, pero como no lo consigue continúa hacia la paralela⁶.

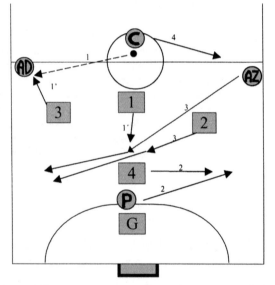

⁵ **Hueco:** también llamado «punto futuro», son todos aquellos espacios mortales de la pista que conseguimos explotar, al recibir el balón de nuestro compañero en condiciones favorables de ser jugado, sin importar si el jugador está desmarcado o no. Presencia del contrario. (Pase al hueco).

⁶ **Paralela:** «acción técnico-táctica consistente en el pase a un compañero más un desplazamiento con cambio de ritmo y dirección para recibir el balón paralelo a la línea de banda» (Moreno et al., 2000, 91).

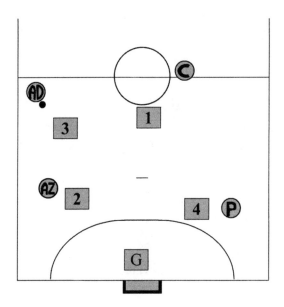

Figura 3.10.
Finalización de la Figura 3.9.

3.7. HXH¼ O DCI (DEFENSA CERRADA INDIVIDUAL EN UN CUARTO DE PISTA)

3.7.1. CONCEPTO DE DEFENSA CERRADA INDIVIDUAL EN UN CUARTO DE PISTA (DCI)

Es una marcación DIN que comienza sus asignaciones cuando el equipo atacante llega a una distancia de 10-12 metros de la línea de meta. Es ahí donde cada defensor va recibiendo a su par asignado.

Figura 3.11. Se intenta no perder el posicionamiento base, en este caso el 1-1-2-1; todos giran según la posición del balón para facilitar las ayudas, sin olvidar, claro está, el oponente asignado y aplicar las consideraciones generales de la DIN, sus ventajas e inconvenientes. Extensibles, obviamente, a todos los tipos de marcaciones DIN.

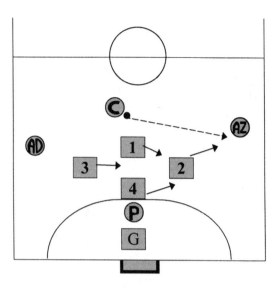

3.7.2. CONDIDERACIONES DE LA DEFENSA CERRADA INDIVIDUAL

La principal diferencia con la marcación HxH½ es el reducido espacio a defender. Esto es bueno porque el trabajo a realizar es menor, se neutralizan bien los cambios de orientación[7], los pases a la posición del pívot y propicia los contraataques[8]; sin embargo, las carencias de la marcación HxH½ en ésta se agravan.

---

[7] **Cambios de orientación:** se refiere a todos los envíos del balón que cambian su trayectoria, y descongestionan el juego del lado fuerte, pudiendo o no pasar éste a ser lado débil.

[8] **Contraataque:** es el paso brusco de la defensa al ataque del equipo que entra en posesión del balón y que busca la superioridad numérica o posicional e intenta sorprender al equipo contrario.

3.8. SALTAR Y CAMBIAR (BLITZ[9])

3.8.1. CONCEPTO DE SALTAR Y CAMBIAR (BLITZ)

«Es una defensa individual con cambios que aún siendo más conservadora que una defensa presionante por zonas permite disfrutar de muchas de las oportunidades de interceptar balones de la defensa presionante por zonas. La defensa de saltar y cambiar es principalmente una defensa individual. Aunque no se asignan hombres a los defensores, una vez se ha producido el primer salto con cambio cualquier defensa puede marcar a cualquier atacante» (Smith, 1988, 209).

Es una defensa de sorpresa y riesgo a la vez, cuya técnica es diferente a cualquier otra marcación. Este riesgo es menor cuanto menor es la técnica individual que posee el rival, lo que inducirá, cuando se salte, a que mire el balón y pierda así la percepción espacio-temporal.

3.8.2. Consideraciones de saltar y cambiar (blitz)

1. «Debemos saber en todo momento cuál es la pierna de apoyo, para saber por dónde puede salir» (Sampedro, 1997, 112).

2. Es una marcación individual con cambios.

3. Se inicia por sorpresa para provocar el fallo del atacante, por lo que es un inconveniente repetirla en exceso.

4. El salto obliga a realizar una rotación en la asignación de oponentes.

5. Los cambios de oponentes tienen que ser rápidos y decididos para evitar desajustes.

6. Obligar al atacante a que emplee su pierna débil para realizar el «salto».

---

[9] **BLITZ** (relámpago): así la bautizó «Morgan Wooten, el entrenador de éxito de la Escuela Secundaria Superior de DEMATHA en Washington D.C.» (Smith, 1988, 210).

7. Seleccionar el momento teniendo en cuenta las consideraciones para desplegarse ya expuestas.

8. Los bloqueos directos[10] y las pantallas son una buena ocasión para poner en práctica esta defensa.

9. Según Smith (1988) se puede realizar sobre el jugador más importante del equipo atacante para obligarlo a que juegue con sus compañeros menos determinantes.

10. Se utiliza cuando nos urge tener el balón.

11. Presión sobre el hombre-balón (rol atacante) realizada por su defensor, que le obligue a perder el balón o a conducirlo a espacios beneficiosos para la defensa y cuando esté a unos 4 metros, incluso menos, del ayudante (defensor) dejará su par y saltará sobre él, y así se iniciará la rotación de los cambios de oponentes.

12. Se complementa muy bien con la defensa en zona presionante.

13. Si en el momento del salto el hombre-balón (rol atacante) hace un cambio de dirección y un cambio de orientación, puede neutralizar los efectos de esta defensa. Si esto ocurre se debe intentar un 2x1 (zona presionante).

14. Su aplicación provoca que se rompa el ritmo de partido y lo acelera. Esto incomoda a equipos que gustan de largas posesiones de balón en sus ataques.

15. No todos tienen que entrar en la rotación, todo depende de la decisión que tomen los defensores en ese momento condicionado por la posición de los jugadores de ambos equipos en pista y la distancia a la portería del equipo defensor.

16. La anticipación defensiva en la rotación, intuyendo el salto, es fundamental para el correcto desarrollo de esta marcación. Se puede dar el caso que uno o dos defensores-ayudantes prefieran seguir con su par, no obstante, el defensor que recibe la ayuda del salto se encargará del atacante (rol compañero) que quede libre.

---

[10] **Bloqueo directo:** un atacante interpone su cuerpo, de forma sorpresiva, en el camino del defensor de su compañero que se encuentra en posesión del balón de manera que le favorezca su acción.

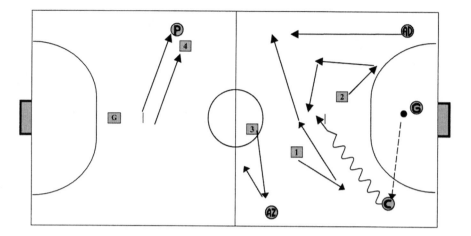

Figura 3.12. En esta figura el jugador 1 tapa el pase a AZ y 3 el centro. El guardameta del equipo atacante, G, pasa a C y 1 lo presiona y le da el centro
de la pista, 2, 3 y 4 marcan individualmente y evitan que sus pares respectivos puedan recibir el pase de C, lo que obliga a éste a conducir.
Cuando 2 ve que puede «saltar», los demás defensores deben anticipar
la rotación (importantísimo el timing), que puede ser la que vemos en la
figura. El jugador 3 puede vigilar a su par y estar atento a una posible
ayuda, dependiendo de cómo reaccione AZ.

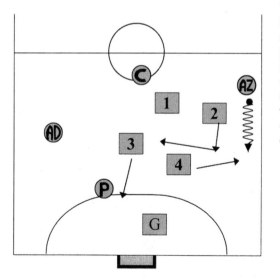

Figura 3.13. Desarrollo de
una acción en media pista. El
jugador 2 cierra el centro y
le da la banda obligándole a
conducir. El número 4 realiza
el «salto», 3 marca a P y 2
vigila a AD. El dorsal 1 sigue
con C. También 1 se encarga
de AD y 2 de C.

4

DEFENSA MIXTA

4.1. CONCEPTO DE DEFENSA MIXTA

Es la marcación combinada que desarrollan los jugadores de un equipo, cuando unos defienden en zona y otros individual.

Se da cuando nos enfrentamos a un equipo que tiene «un determinado jugador que por sus características o función que desarrolle, nos interesa realizar un marcaje estrecho sobre él HxH y sin embargo el resto de los jugadores pueden hacer una marcación en zona. Igual sería realizarlo con dos jugadores en zona y dos HxH o tres HxH y uno en zona» (Montero, 1987, 129).

Lo más normal es que esta defensa, cuando se aplique, se haga sobre un solo jugador individualmente y los otros tres en zona.

Sampedro (1997) recomienda para realizar esta defensa: uno y triángulo y 2-2, según sean tres marcaciones en zona o dos respectivamente.

Sin embargo Lozano et al. (2002) sólo señalan las dos formas diferentes de posicionarse en el caso de una marcación individual y tres en zona, que son: el triángulo zonal con el vértice en el pívot y la del vértice en el cierre.

Velasco y Lorente (2003) en su propuesta defensiva mixta en media cancha tres jugadores defienden en individual y uno en zona, el cierre.

Figura 4.1. Defensa mixta: representación modificada de la propuesta 1-2-2 de Sampedro (1997). Los jugadores 1 y 2 hacen marcación individual, 3 y 4 zonal.

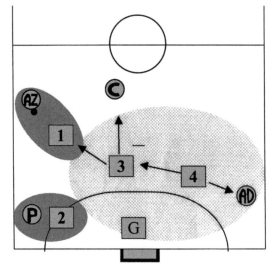

4.2. CONSIDERACIONES GENERALES

1. Repartirse tres jugadores todo el ámbito defensivo hace que el equipo atacante pueda encontrar con más facilidad espacios vacíos y líneas de pase que reportan rápidas finalizaciones, tanto más cuanto más pista tenga que proteger el equipo que defiende.

2. «La defensa individual puede ser cara a cara, dando la espalda al balón o en triángulo clásico, muy próximo a la línea de pase» (Sampedro, 1997, 116).

3. Se recomienda que los jugadores que marcan en zona se posicionen en $^1/_3$ de la pista y la marcación individual HxHT; luego el criterio del entrenador decidirá las variantes que estime oportunas de lo previamente entrenado, a tenor de como se vaya desarrollando el juego.

4. Sorprende al contrario normalmente.

5. Esta marcación puede provocarla el equipo defensor y dejar a uno de sus jugadores en posiciones adelantadas, porque es un finalizador nato.

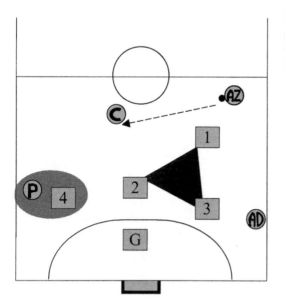

Figura 4.2. Posicionamiento de uno y triángulo con base defensiva en la iniciación de una jugada.

Figura 4.3. Posicionamiento de uno y triángulo con base ofensiva tras el movimiento de los jugadores por el pase de AZ a C.

El triángulo defensivo zonal debe girar según el movimiento de los jugadores atacantes, aunque se puede optar, en la medida de lo posible, por un posicionamiento estable, pero se perdería versatilidad.

Figura 4.4. El ejemplo de defensa mixta 2-2 que propone Sampedro (1997) es el siguiente:
los jugadores 1 y 2 realizan una zona en la frontal del área de penalti, y se desplazan en bloque por ese espacio que se indica en la figura en cobertura, según donde se encuentre el balón.
Los jugadores 3 y 4 hacen una marcación individual por toda la media cancha intentando que sus respectivos pares no reciban. Si alguno de estos atacantes recibiera el balón, su defensor tiene que presionar el balón. (Figura 4.1.).

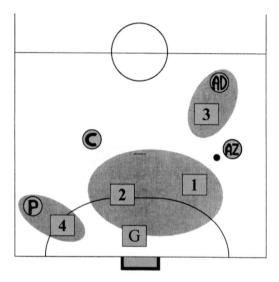

La defensa mixta en media cancha que propone Velasco y Lorente (2003), como ya hemos comentado con anterioridad, es de tres defensores que realizan una marcación individual y un defensor en zona, que será el cierre y que tendrá delimitado un espacio que comprende la prolongación del área de penalti hasta los 10-12 metros. Será el encargado de ordenar los cambios de oponente y de colocar en todo momento a su equipo, sin abandonar su posición de último defensor.

Estos dos autores se basan en dos ideas fundamentales para desarrollar esta defensa:

1. Tres jugadores realizan una marcación individual, excepto cuando el cierre les cambie de oponente.

2. El cierre no seguirá a su par cuando salga de la zona que se le ha asignado.

Es importante que el ala contraria a donde se encuentra el balón tenga que estar en disposición de ayudar al cierre y bascular hacia el centro, por si éste tuviese que abandonar su posición para salir al corte.

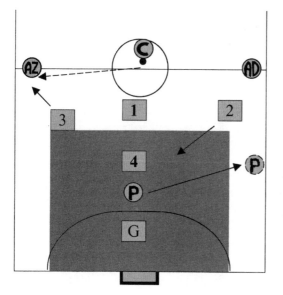

Figura 4.5. En esta figura el espacio sombreado pertenece a la zona de actuación del cierre 4.

Tras el pase de C a AZ y el desmarque de P, observamos que 4 permanece en el centro y no sigue a su par P por si tuviera que ejecutar la cobertura (salir al corte) si 3 fuese desbordado por su par AZ. Al mismo tiempo 2, ala contraria, realiza un movimiento hacia el centro, por si tuviese que encargarse de P.

5

DEFENSA ALTERNATIVA

5.1. CONCEPTO DE DEFENSA ALTERNATIVA

Es la marcación combinada en la que se espera en zona al equipo atacante y una vez determinadas las marcaciones, se seguirá al par hasta la finalización de la jugada, a no ser que exista cambio de oponente con otro defensor.

5.2. CONSIDERACIONES DE LA DEFENSA ALTERNATIVA

1. Los emparejamientos los establece el propio sistema ofensivo del atacante, el cierre, el portero o el jugador de más experiencia. (Chaves y Ramírez, 1998).

2. Tiene características de las dos defensas (combinar):

   a) Presionar al hombre-balón.

   b) Ayudas defensivas. Solidaridad.

c) Por detrás de la línea del balón.

d) Tareas defensivas bien definidas:

- Cuándo realizar 2x1.

- Cantar el bloqueo.

- Cuándo temporizar...

3. Es una defensa muy escalonada que puede realizarse en cualquier parte de la pista, aunque su práctica más usual es en ^{2}/4 de cancha.

4. El posicionamiento inicial que se propone en ^{2}/4 de pista es el 1-1-2-1 (3 líneas defensivas y el portero que sería la 4ª).

5. Evitar que el balón penetre por el centro a la posición del pívot.

5.3. GRÁFICOS EXPLICATIVOS DE LA DEFENSA ALTERNATIVA

A continuación exponemos unas figuras gráficas explicativas de la defensa alternativa, adaptadas de Valdericeda (1994).

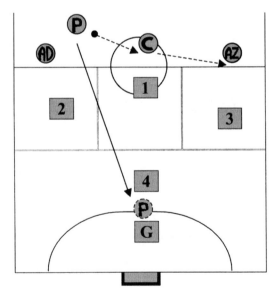

Figura 5.1. El primer corte es del cierre 4 que defenderá en individual. Los jugadores 1, 2 y 3 distribuyen la primera mitad de su propia media pista en tres zonas y así defienden hasta que se producen los cortes sucesivos de los atacantes.

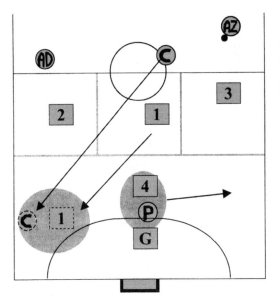

Figura 5.2. Con el segundo corte de C y 1 haciéndole una marcación individual, nos encontramos con que 2 y 3 marcan en zona y 1 y 4 en individual.

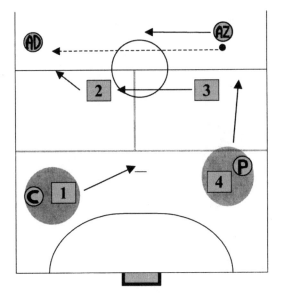

Figura 5.3. En esta situación provocada por el equipo atacante, las zonas cambian y los dos jugadores de la primera línea defensiva, 2 y 3, realizan una «barrera móvil» para impedir que el balón penetre por el centro.

Figura 5.4. En esta jugada se intenta un pase aéreo de AZ sobre el desmarque de AD, pero G ahí tiene que estar muy atento por si tiene que salir al corte, mientras 2 debe realizar una marcación de interposición.

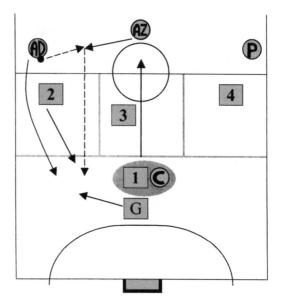

Figura 5.5. Así quedaría la finalización del movimiento. No obstante observamos que las marcaciones individuales son muy férreas, pero cuando el atacante par sale de la pista del equipo defensor éste defiende en zona y lo vigila esperando volver a defenderlo si no hay cambio de oponente.

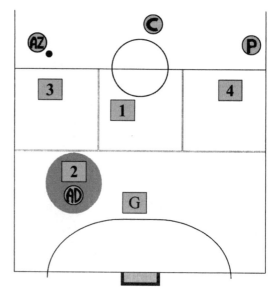

6

DEFENSA MÚLTIPLE O CAMBIANTE

6.1. CONCEPTO DE DEFENSA MÚLTIPLE O CAMBIANTE

«Es aquélla que aplica dos o más defensas por cada ataque adversario» (Oreste, H., 1993, en Sampedro, 1997, 116).

Es el uso alterno de varias defensas a lo largo del partido.

La definición de Oreste (1993) es más acotada que la que se propone a continuación, es decir, se puede considerar que un equipo practica defensas múltiples siempre que cada cierto número de ataques cambie su defensa, por ejemplo, de individual a zonal (teniendo en cuenta todas y cada una de sus modalidades respectivas) o combinadas.

Un ejemplo de defensa cambiante sería el siguiente: dependiendo del desarrollo del juego un equipo tiene practicadas y asimiladas las siguientes defensas:

Inicia su defensa múltiple con HxHT con presión balón; si el balón llega a la banda se cambia a ZOF presionante (2x1) y a partir de media pista defensa alternativa.

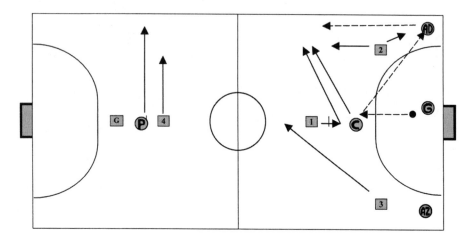

Figura 6.1. En esta figura se observa una marcación HxHT con presión al balón en su inicio defensivo y tras el pase de AD a C...

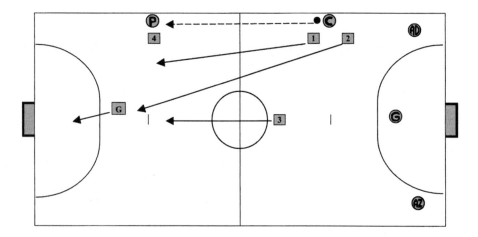

Figura 6.2. ... provoca una zona presionante con el par defensivo 1 y 2 (pareja de jugadores que defienden 2x1).
Como C puede pasar a P obliga al equipo defensor a realizar un repliegue intensivo aposicional en media pista.

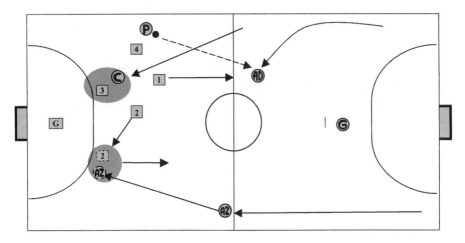

Figura 6.3. A partir de aquí la defensa pasa a ser alternativa como muestra esta figura. AZ intentará abrir una línea de pase para ayudar a AD.

También consideramos defensa múltiple cuando, por ejemplo, un equipo unas veces presenta, durante un ataque, una defensa HxHT con presión al balón y con coberturas y vigilancias, otros ataques hace una defensa alternativa y otros zonal presionante.

6.2. CONSIDERACIONES GENERALES DE LA DEFENSA MÚLTIPLE

1. Sorprende frecuentemente al equipo atacante porque no sabe con qué defensa se va a encontrar y además le es difícil concentrarse para poderlas atacar.

2. Necesitan para su aprendizaje mucha coordinación entre sus miembros, mucha experiencia táctica y tiempo para su asimilación.

3. Gran concentración para su puesta en práctica. Siempre tiene que haber un jugador con experiencia que dirija el juego defensivo, que oriente a sus compañeros en el momento preciso; es decir cuándo aplicar cada marcación o cuándo cambiarla por otra, según la acción del juego.

4. El fallo de uno de los componentes del equipo defensor desencadena una desorganización defensiva, siempre beneficiosa para el atacante.

5. Su aprendizaje debe realizarse entrenando las defensas que se van a utilizar por separado, para luego ensamblarlas y decidir cuándo se aplican según lances del juego y ubicación de los jugadores en pista, como ya hemos explicado en los ejemplos prácticos.

7

DEFENSA DE CAMBIOS

7.1. CONCEPTO DE DEFENSA DE CAMBIOS

«Marcación de coberturas y permutas continuas donde no se permite que nuestra primera línea defensiva retroceda respecto del balón, y que provoca que las alas y el cierre reciban a los jugadores que cortan con o sin balón» (Moreno et al., 1997 y Lozano et al., 2002).

Estos autores hablan de ella como el final del aprendizaje, en la actualidad, del trabajo defensivo.

Entendemos, por lo expresado, que es una defensa ecléptica, es decir, que se guía por conceptos positivos de todas las demás marcaciones, y que intenta eliminar los defectos que de cada una de ellas se puedan derivar. En definitiva se busca una manera de defender que sea la menos vulnerable ante los ataques del equipo rival.

Imagen 7.1. Defensa de cambios.

Algunos de los conceptos que enumera Lozano et al. (2002, 31) son:

1. «El defensor directo nunca sigue a su oponente cuando éste suelta el balón y corta».

2. «No existen puestos definidos en defensa».

3. «Trabajo continuo de tapar las líneas de pase. Paso adelantado-contraataque».

Estos conceptos y otros muchos que se pueden entresacar de las diversas marcaciones tratadas en capítulos anteriores dan forma a esta defensa y al mismo tiempo, puede contener el sello de cada entrenador, por la peculiar forma que cada uno tiene de concebir el juego, en este caso, defensivo. (Sistema de juego).

Imagen 7.2. Defensa de cambios.

8

RESUMEN
DE MARCACIONES

8.1. ESQUEMAS RESUMEN DE MARCACIONES

8.1.1. ESQUEMA RESUMEN DE LA DEFENSA INDIVIDUAL (DIN)

DEFENSA INDIVIDUAL (DIN)

→ HxHT
Hombre a hombre en toda la
pista ($^4/_4$)

- a) Con presión al balón
- b) Sin cobertura y vigilancia
- c) Con cobertura y vigilancia
- d) Con presión alternativa

→ HxH$^3/_4$
Hombre a hombre en tres
cuartos de pista

- a) Con presión al balón
- b) Sin cobertura y vigilancia
- c) Con cobertura y vigilancia
- d) Con presión alternativa

→ HxH$^1/_2$
Hombre a hombre en dos
cuartos o media pista

- a) Con presión al balón
- b) Sin cobertura y vigilancia
- c) Con cobertura y vigilancia
- d) Con presión alternativa

→ HxH$^1/_4$ (DCI)
Hombre a hombre en un
cuarto de pista

- a) Con presión al balón
- b) Sin cobertura y vigilancia
- c) Con cobertura y vigilancia
- d) Con presión alternativa

→ Saltar y cambiar (blitz)

- a) Con presión al balón
- b) Sin cobertura y vigilancia
- c) Con cobertura y vigilancia
- d) Con presión alternativa

8.1.2. Esquema resumen de la defensa en zona

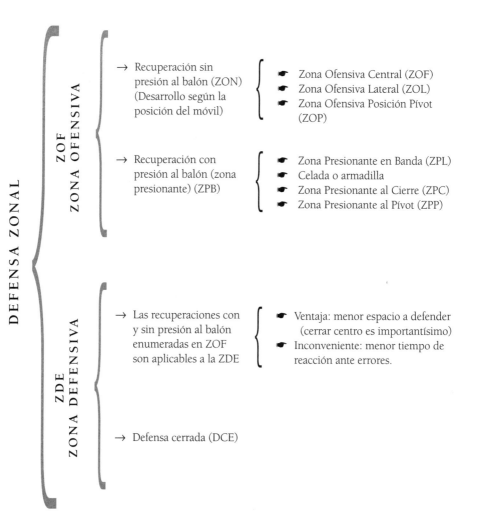

DEFENSA ZONAL

ZOF ZONA OFENSIVA

→ Recuperación sin presión al balón (ZON) (Desarrollo según la posición del móvil)
- Zona Ofensiva Central (ZOF)
- Zona Ofensiva Lateral (ZOL)
- Zona Ofensiva Posición Pívot (ZOP)

→ Recuperación con presión al balón (zona presionante) (ZPB)
- Zona Presionante en Banda (ZPL)
- Celada o armadilla
- Zona Presionante al Cierre (ZPC)
- Zona Presionante al Pívot (ZPP)

ZDE ZONA DEFENSIVA

→ Las recuperaciones con y sin presión al balón enumeradas en ZOF son aplicables a la ZDE
- Ventaja: menor espacio a defender (cerrar centro es importantísimo)
- Inconveniente: menor tiempo de reacción ante errores.

→ Defensa cerrada (DCE)

8.1.3 ESQUEMA RESUMEN DE OTRAS DEFENSAS

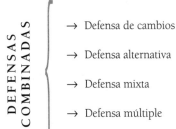

DEFENSAS COMBINADAS
- → Defensa de cambios
- → Defensa alternativa
- → Defensa mixta
- → Defensa múltiple

9

POSICIONAMIENTOS DEFENSIVOS

9.1. CONCEPTO DE POSICIONAMIENTOS DEFENSIVOS

Es la distribución referencial de los jugadores en la pista para facilitar su organización defensiva, y que forma una parte importante del sistema de juego en defensa que el entrenador quiere aplicar con su equipo, ya que se pueden utilizar varios en el transcurso de un encuentro, incluso durante un mismo ataque.

Estas figuras geométricas se van adaptando al posicionamiento del equipo atacante y a sus movimientos de manera que aparecen unos que se pueden ir transformando en otros, aunque siempre se parte de un posicionamiento base según el lugar donde se encuentre el balón y si está en juego o en fuera de juego.

9.2. POSICIONAMIENTOS DEFENSIVOS MÁS UTILIZADOS

9.2.1. EL ROMBO (1-1-2-1)

La distribución inicial de los jugadores forma la figura de un rombo, sin tener en cuenta al guardameta (jugador vital). Es uno de los más utilizados en $^2/_4$ de cancha, incluso en $^3/_4$ de pista, pero se puede utilizar en cualquier parte del rectángulo de juego.

Figura 9.1. En esta figura vemos la disposición inicial de los defensores en rombo.

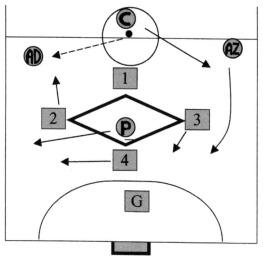

Figura 9.2. En esta figura vemos el posicionamiento de cuadrado tras el movimiento del equipo atacante. Los defensores se han visto obligados a transformar la disposición inicial.

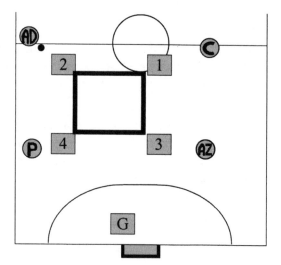

Algunas de sus características:

1. Se facilitan las coberturas-permutas y vigilancias.
2. Se puede transformar en cualquier otro posicionamiento de los que vamos a ver, pero fundamentalmente en el de cuadrado.
3. Posee cuatro líneas defensivas (contando al guardameta).
4. Se emplea en el juego 4x5.

9.2.2. EL CUADRADO (1-2-2)

La distribución inicial de los jugadores forma la figura de un cuadrado, sin tener en cuenta al guardameta (jugador vital).

Algunas de sus características:

1. Tiene, como ya hemos visto, gran conexión con el posicionamiento en rombo.
2. Sólo posee tres líneas defensivas (incluyendo al guardameta).
3. Se utiliza menos que el de rombo y sobre todo, como éste, en $^2/4$ de pista, aunque en aperturas (salidas de presión) el equipo atacante puede incitar al defensor a posicionarse en cuadrado. (Apertura en «cuatro esquinas»[1]).
4. Tiene desprotegido el centro por donde se pueden realizar tiros y pases entre líneas y al pívot. La solución es la «barrera móvil».
5. Se emplea en el juego 4x5.

9.2.3. EL EMBUDO (1-1-1-2)

La distribución inicial de los jugadores forma la figura de un embudo, cuya primera línea defensiva la componen dos jugadores.

---

[1] **Apertura en cuatro esquinas:** el equipo atacante coloca a sus jugadores en los cuatro ángulos de su propia media cancha para intentar obligar al equipo defensor a abrir el centro y conseguir más espacio vacío para explotar.

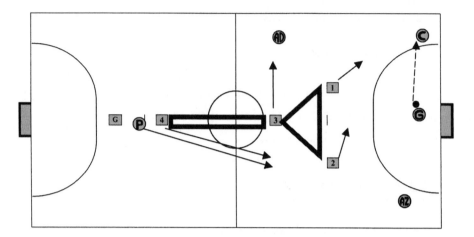

Figura 9.3. Este posicionamiento intenta evitar el saque por el centro a la posición del pívot, sobre todo 1 y 2, aunque 3, que también colabora, tiene que estar vigilando a AD por si recibe directamente de G.

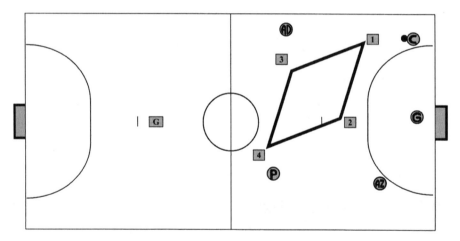

Figura 9.4. En estas figuras (9.3. y 9.4.) observamos como el pase de G a C y el movimiento de P obligan al equipo defensor a transformar el posicionamiento inicial de embudo en el de rombo.

Algunas características del posicionamiento en embudo:

1. Tiene conexión con los posicionamientos en cuadrado y rombo.
2. Es utilizado para la presión de $3/4$ de pista en adelante.
3. Posee cuatro líneas defensivas (contando al guardameta).

9.2.4. TRIÁNGULO OFENSIVO (1-1-3)

La distribución inicial de los jugadores forma la figura de un triángulo cuya base es la primera línea defensiva (sin tener en cuenta al guardameta).

Éstas son algunas características del posicionamiento en triángulo ofensivo:

1. Tiene gran conexión con los posicionamientos en rombo, triángulo defensivo y cuadrado.
2. Es utilizado en marcaciones individuales en cualquier parte de la cancha, excepto en $1/4$ de pista, donde es poco habitual su puesta en práctica.
3. Contempla tres líneas defensivas (contando con el guardameta).

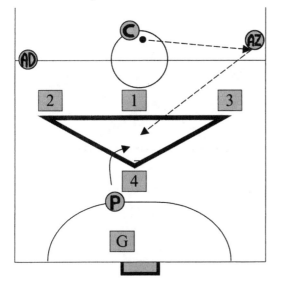

Figura 9.5. Si 2 y 3 acentuaran las coberturas, este posicionamiento se transformaría en un rombo.

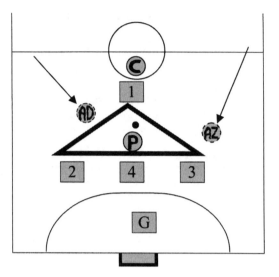

Figura 9.6. Como continuación a la anterior figura, cuando P recibe, las alas 2 y 3 se repliegan para ayudar a 4, y aparece el triángulo con base defensiva. El pívot 1 también baja a presionar a P sin dejar de vigilar a C.

9.2.5. Triángulo defensivo (1-3-1)

La distribución inicial de los jugadores forma la figura de un triángulo cuya base es la segunda línea defensiva (sin tener en cuenta al guardameta).

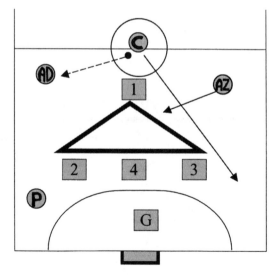

Figura 9.7. Se aprecia en esta figura, así como en la 9.8., cómo el movimiento del balón y de los atacantes obligan a transformar el posicionamiento inicial de triángulo defensivo ...

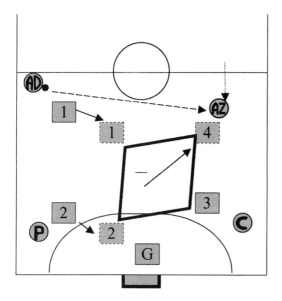

Figura 9.8. ... en el de rombo, aunque en cuanto se ocupe el terreno racionalmente y se organice la defensa tras el movimiento ofensivo, se puede retornar al posicionamiento base de forma que 2 ocupe la posición de cierre y 1 ocupe la que deja el defensor 2.

Éstas son algunas características del posicionamiento en triángulo defensivo:

1. Tiene gran conexión con los posicionamientos en rombo, triángulo ofensivo y cuadrado.

2. Es utilizado en ¼ de pista.

3. Contempla tres líneas defensivas (contando con el guardameta).

9.2.6. EL EMBUDO INVERTIDO (1-2-1-1)

La distribución inicial de los jugadores forma la figura de un embudo, cuya tercera línea defensiva la componen dos jugadores (sin tener en cuenta al guardameta).

Éstas son algunas características del posicionamiento en embudo invertido:

1. Tiene conexión con los posicionamientos en rombo y cuadrado.

2. Se emplea defensivamente para el juego de 4x5, es decir, cuando hay que defender a un equipo que ataca con guardameta-jugador. Si habláramos ofensivamente la representación sería 5x4, es decir, cinco atacantes con el guardameta-jugador contra una defensa clásica de cuatro jugadores y el portero en su área en $^3/_4$ de pista como máximo.

3. Tras el cambio de las reglas de juego en relación con el guardameta se recomienda posicionarse en $^1/_4$ ó $^1/_3$ de pista.

4. Contempla cuatro líneas defensivas (contando con el guardameta).

José Venancio López (2002) en las I Jornadas Nacionales de Fútbol Sala celebradas en Murcia hacía referencia a este posicionamiento para neutralizar un ataque 3-2 en el juego 4x5 aunque todavía es poco usado.

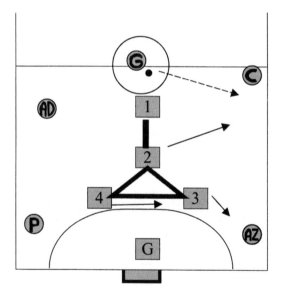

Figura 9.9. Embudo invertido: como vemos en esta figura y en la siguiente (9.10.), el posicionamiento inicial en embudo invertido se transforma en rombo tras el pase de G a C.

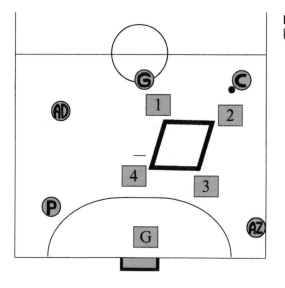

Figura 9.10. Rombo tras embudo invertido.

Seguía comentando este entrenador-ponente sobre este posicionamiento que el jugador 1 se encarga de tapar la línea de pase a G, sin moverse del centro, una vez que el balón está en banda, y que son los otros tres jugadores los que cambian de posición y de rol si fuera necesario tras los movimientos del equipo atacante.

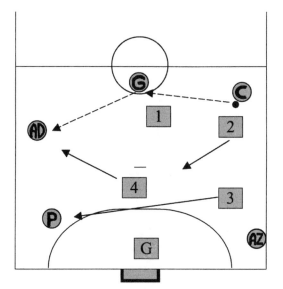

Figura 9.11. Podemos observar en este ejemplo que expuso José Venancio López (2002) en las I Jornadas Nacionales de Fútbol Sala celebradas en Murcia, como vuelve a surgir de nuevo el posicionamiento de rombo.

Figura 9.12. Se observa en esta figura y en la anterior (9.11.), como el jugador 2 no llega a la presión del balón al recibir el pase AD, y que se produce un cambio de roles entre los jugadores 2, 3 y 4.

BIBLIOGRAFÍA

- Antón, J. L. *Balonmano. Táctica grupal ofensiva. Concepto, estructura y metodología.* Madrid: Gymnos, 1998.

- Caneda, R. *La zona en el fútbol.* Sevilla: Wanceulen, 1999.

- Clausewitz , K. *De la guerra.* Colombia: Labor, 1996, 3ª ed.

- Chaves, J. L. y Ramírez, J. A. *Táctica y estrategia en fútbol sala. Situaciones de ataque y defensa.* Barcelona: Hispano Europea, 1998.

- Espar, F. "El concepto de táctica individual en los deportes colectivos". *Rev. Apunts. Educación Física y Deportes,* 1998, nº 51, 16-22.

- Federación Española de Fútbol Sala. *Apuntes de táctica de 3er nivel.* La Coruña: FEFS, 1990.

- Ferrández, J. *Fútbol. Entrenamiento físico basado en la táctica y la estrategia. Los sistemas de juego y su evolución.* Madrid: Gymnos, 1996.

- Gallego, A. L. *Apuntes propios de táctica.* Murcia, 2001.

- G.E.P. *Léxico básico en praxiología.* www.praxiologiamotriz.inefc.es /espanaintro.html, 1999.

- Gayoso, F. *Fútbol sala. Reglas de juego. Reglamento. Técnica. Táctica y estrategia. Entrenamiento. Competición.* Madrid: Hijos de Minuesa, 1981.

- Gayoso, F. *Fundamentos de la táctica deportiva.* Madrid: Gráficas Lara, 1983.

- Hernández Moreno, J. *Fundamentos del deporte. Análisis de las estructuras del juego deportivo.* Barcelona: Inde, 1994.

- Hernández Moreno, J. "Técnica, táctica y estrategia en el deporte". *Rev. RED,* 1995, tomo X, nº 1, 19-22.

- Hernández Moreno, J. "Hacia la construcción de un mapa de la acción estratégica motriz en el deporte". *Rev. RED*, 1997, tomo XII, Nº 1, 4-12.

- Ibáñez, S. J. y Pino, "Criterios para la elaboración de los sistemas de juego en los deportes equipo". *Rev. RED, 1996,* tomo XI, nº 3, 27-34.

- Aranda, F. "La evolución de los sistemas de juego en el fútbol sala". En Igea, J. M. (coord.): *El fútbol sala pasado, presente y futuro. La evolución de las reglas, la técnica y los sistemas de juego.* Madrid: Gymnos, 2001, pp. 103-112.

- Lasierra, G. "Análisis de la interacción motriz en los deportes de equipo. Aplicación del análisis de los universales ludomotores al balonmano". *Rev. Apunts. Educación física y deportiva, 1993,* nº 32, 37-54.

- Lozano, J. *Fútbol sala. Experiencias tácticas.* Madrid: RFEF, 1995.

- Lozano, J. et al. *Táctica en alta competición. Fútbol-sala.* Madrid: FMFS, 2002.

- Mercé, J. "El juego colectivo: La táctica y estrategia en el fútbol actual". *Rev. Fútbol Cuadernos Técnicos,* 1998, nº 12, 59-69.

- Montero, J. *Táctica y técnica. Curso de preparadores. 1er. Nivel.* Madrid: FEFS, 1987.

- Moreno, M. (dir). *Táctica, estrategia, sistemas de juego (Fútbol sala). Nivel-1.* Madrid: RFEF., 1997.

- Moreno, M. (dir). *Táctica y sistemas de juego. Fútbol sala. Nivel-2.* Madrid: RFEF., 2000.

- Moreno, M. "Estrategia futbolística". *Rev. El Entrenador Español de Fútbol,* 2002, nº 95, 5-7.

- Peyró, R. y Sampedro, J. *Pedagogía del baloncesto.* Valladolid: Miñón. 2ª ed, 1986.

- Real Academia Española. Diccionario de la lengua española. Madrid: RAE, 1992, 21ª ed.

- Real Federación Española de Fútbol. *Fútbol Sala. Reglas de juego.* Madrid: RFEF, 2004.

- Riera, J. *Fundamentos del aprendizaje de la técnica y la táctica deportivas.* Barcelona: Inde, 1989.

- Riera, J. "Estrategia, táctica y técnica deportivas". *Rev. Apunts. Educación Física y Deportes*, 1995 nº 39, 45-56.

- Ros, J. A. y Gallego, A. L. "Utilización del vídeo en la enseñanza del fútbol sala". *Rev. Cuadernos de Actividad Física y Deportes*, 1998, nº 17, 3-11.

- Sampedro, J. *Fútbol sala, las acciones de juego. Análisis metodológico de los sistemas de juego.* Madrid: Gymnos, 1997.

- Sampedro, J. "Análisis de los subroles en el fútbol sala desde una perspectiva praxiológica deportiva". *Rev. RED*, 1998, tomo XII, nº 1, 29-36.

- Sampedro, J. *Fundamentos de táctica deportiva. Análisis de la estrategia de los deportes.* Madrid: Gymnos, 1999.

- Sampedro, J. "La jerga del fútbol sala". En Igea, J. M. (coord.): *El fútbol sala pasado, presente y futuro. La evolución de las reglas, la técnica y los sistemas de juego.* Madrid: Gymnos, 2001, pp. 137-148.

- Smith, D. y Spear, B. *Baloncesto. Ataques y defensas múltiples.* Madrid: Pila Teleña, 1988.

- Teodorescu, L *Problemas de teoría e metodología nos jogos desportivos colectivos.* Lisboa: Livros Horizonte, 1984.

- Tolussi, F. C. *Futebol de salão. Tática, regras, história.* São Paulo: Brasipal Ltda., 1982, 2ª ed.

- Valdericeda, F. *Fútbol sala. Defensa-ataque-estrategia.* Madrid: Gymnos, 1994.

- Velasco, J. y Lorente, J. *Entrenamiento de base en fútbol sala.* Barcelona: Paidotribo, 2003.

AUTORES

ANTONIO LUIS GALLEGO JIMÉNEZ DE ZADAVA LISSÓN

Entrenador Nacional de Fútbol Sala

Entrenador Nacional de Fútbol

Director de la Escuela de Entrenadores de la FFSRM (1986/92)

Profesor de la Escuela de Entrenadores de la FFSRM (1985/92)

Profesor del Curso Nacional de Entrenadores de Fútbol Sala. SADA (La Coruña), 1990.

Licenciado en Educación Física

Profesor de Enseñanza Secundaria

Profesor de la Escuela de Entrenadores de la Federación de Fútbol de la Región de Murcia

Entrenador de la Selección Murciana de Fútbol Sala Sub-23 (Temporada 1993/94)

Entrenador de la Selección Murciana de Fútbol Sala Sub-21 (Temporada 2000/01)

Entrenador de la Selección Murciana de Fútbol Sala Cadete (en las temporadas 2001/02, 2002/03, 2003/04 y 2004/05)

Entrenador de la Selección Murciana de Fútbol Sala Juvenil (Temporadas 1990/91, 2003/04 y 2004/05)

Entrenador de la Selección Murciana de Fútbol Sala Infantil (temporada 2004/05)

Entrenador de la ONCE F. S. (Temporadas 1988/89 y 1989/90)

Entrenador del equipo de Fútbol Sala de deficientes visuales de la ONCE (Temporadas 1990-94)

Entrenador de la Selección Murciana de Fútbol Sala Alevín (temporada 2004/05)

Entrenador del Dora F. S. (Temporada 1991/92)

Coordinador de las Selecciones de Fútbol Sala de la Región de Murcia (Temporada 1993/94)

ANTONIO JOSÉ GARCÍA MOLINA "GAMBÍN"

Entrenador Nacional de Fútbol Sala

Entrenador Nacional de Fútbol

Director de la Escuela de Entrenadores de la Federación de Fútbol de la Región de Murcia

Subdirector y Jefe de Estudios de la Escuela de Entrenadores de la Federación de Fútbol de la Región de Murcia, desde 1991 hasta junio de 2005

Vicepresidente del Comité de Entrenadores de la Federación de Fútbol de la Región de Murcia

Profesor de la Escuela de Entrenadores de la Federación de Fútbol de la Región de Murcia en los cursos de Fútbol Sala

Profesor de la Escuela de Entrenadores de la Federación de Fútbol de la Región de Murcia en los cursos de Fútbol

Vocal del Comité de Fútbol Sala de la Federación de Fútbol de la Región de Murcia, desde 1990 hasta 2004

Entrenador de la Selección Murciana de Fútbol Sala Sénior (Temporadas 1991/92 y 1992/93)

Entrenador del C. D. Javalí Nuevo F. S. (Temporadas 1995/96, 1996/97, 1997/98 y 2000/01)

Entrenador del A. D. Rincón de Seca F. S. (Temporada 1998/99)

Coordinador de las Selecciones de Fútbol Sala de la Región de Murcia (Temporadas 1992/93, 1994/95, 1995/96, 1997/98)

Entrenador de la selección sub-22 del grupo XIII de tercera división de fútbol, año 2000